hänssler

Peter Hahne

Die Macht
der Manipulation

Über Menschen, Medien und Meinungsmacher

Hänssler-Taschenbuch
Bestell-Nr. 393.814
ISBN 3-7751-3814-5

9., komplett überarbeitete Neuauflage
© 1984 und 2002 by Hänssler Verlag, D-71087 Holzgerlingen
Internet: www.haenssler.de
E-Mail: info@haenssler.de
Umschlaggestaltung: Ingo C. Riecker
Titelfotos: J. Detmers (Porträt Peter Hahne), Bildagentur Mauritius
Satz: Vaihinger Satz & Druck
Druck und Bindung: Ebner ULM
Printed in Germany

Die Bibelstellen wurden nach Luther 99 zitiert.

Inhalt

Vorwort: Manipuliert oder frei?
– Tod oder Leben?

Adolf Hitler und Martin Luther sind zwei Männer, die Weltgeschichte machten, die Geschichte schrieben, wie sie unterschiedlicher wohl kaum sein könnte.

Luther und Hitler. Der eine durch den propagandistischen Würgegriff der Manipulation, der Waffengewalt und Gaskammern grausam begleitete. Der andere durch die Proklamation des Evangeliums, möglich gemacht durch das Massenmedium Buchdruck.

Die gute Nachricht von der Freiheit eines Christenmenschen ging wie eine Brandfackel um die Welt. Freiheit durch Bindung an Gott. Das war Luthers Botschaft. Das steckte an, ließ aufatmen und eröffnete das Leben.

Verzweiflung, Hass, Not und Tod begannen 1933 durch einen der brutalsten Diktatoren der Menschheitsgeschichte. Hitler propagierte das Ende der Religion, die Emanzipation von Gott und die Geltungslosigkeit der Zehn Gebote. Was Freiheit versprach, endete in Tod und Verderben.

Wer aus der Geschichte nichts lernt, ist verdammt, sie noch einmal zu wiederholen. Deshalb müssen wir über die Grundzüge von Manipulation und Freiheit nachdenken. Dieses Buch soll dazu eine Hilfe sein. Es entstand aus Vorträgen, gehalten bei Wirtschaftsvereinigungen genauso wie in christlichen Gemeinden.

Ziel soll es sein, zur Wachsamkeit vor der manipulativen Macht religiöser und ideologischer Strömungen aufzurufen und zur lebensmäßigen Annahme der Freiheit eines Christenmenschen einzuladen.

Peter Hahne

Gefangen zum Tod

Das hatten sie sich gewünscht. Das nennt man Bilderbuchwetter. Dieser Tag soll der Höhepunkt ihrer Ferien werden. Dirk, Jürgen und Klaus strahlen vor Freude, als sie über das weite Meer blicken. Keine einzige Welle ist zu sehen. Die See liegt spiegelglatt vor Borkums Küste. Die Ebbe hat die Wassermassen zurückgedrängt und das Watt freigegeben. Der Himmel ist stahlblau, die Sonne lacht, das Meer leuchtet geheimnisvoll ...

Jetzt kann es also losgehen. Die drei Jungen machen sich auf den Weg, um ihren ersehnten Urlaubswunsch in die Tat umzusetzen: eine Wattwanderung bis an den Rand des abgeebbten Wassers. Wenn sie Glück haben, können sie etwas sehen, von dem sie bisher nur gehört haben.

Sie laufen los. Aus dem matschigen Watt ragt eine herrliche weiße Sandbank. Ein wenig ausgeruht, dann geht's weiter. Der Weg ist mühsam, denn das Watt hat seine Tücken.

Aber endlich ist es soweit. »Da! Ich hab's gesehen«, ruft Klaus und zeigt nach vorn. »Mensch, das ist ja sagenhaft«, meint Jürgen, als er näher kommt. Vor ihnen liegt auf dem graubraunen Sandbett ein Gebilde, das wie eine riesengroße Schlange aussieht. Es ist die mächtige Kette, mit der das transatlantische Kabel verankert ist. Hässlich sieht sie aus. Rost frisst an den Kettengliedern. Brauner Tang und hellgrünes Seegras haben sich festgesetzt.

Dirk hat eine Idee. »Wir machen einen Wettkampf. Jeder steckt einen Fuß in eins dieser Kettenglieder und versucht, die Kette zu heben. Wer am höchsten kommt, hat gewonnen.« – »Prima«, sagt Jürgen, »ich fange an.«

Nacheinander heben die drei die Kette hoch. Aber man kommt nicht weit. Die Kette ist schwer und der Boden nass und glitschig. Doch den Jungen macht es mächtig Spaß. Ein Versuch folgt dem anderen.

Plötzlich hört man ein kräftiges »Platsch« und einen ärgerlichen Schrei. Klaus ist nach hinten umgeknickt und sitzt wütend im Morast. Die beiden Freunde prusten und biegen sich vor Lachen. Sie zeigen auf Klaus' nassen Hosenboden. »Wie kann man sich nur so dumm anstellen!«

Es scheint, als habe Klaus das Gleichgewicht verloren. Als sie ihm aufhelfen, merken sie, was geschehen ist. Klaus ist mit dem Fuß im Kettenglied hängen geblieben. Der Fuß sitzt fest. »Dann können wir ja schon mal nach Hause gehen«, scherzt Jürgen. »Jetzt hast du dein Seemannsgrab. Wenn die Flut kommt, bist du tot.« Die beiden lachen über das verdutzte Gesicht ihres Freundes.

Dann aber fangen sie an, Klaus aus der unfreiwilligen Falle zu befreien. Sie ziehen an seinem Fuß. Auch Klaus zerrt, so fest er nur kann. Aber es geht nicht. Der Fuß kommt nicht einen Zentimeter aus dem Kettenglied heraus. Klaus sitzt fest.

Dirk will den Stiefel lösen, um dem Fuß mehr Bewegungsfreiheit zu geben. Vergeblich! Er ist geschwollen. Jürgen versucht es mit einem Ruck. Klaus schreit mit schmerzverzerrtem Gesicht. Umsonst! Der Fuß sitzt fest.

Die Jungen ziehen und zerren, aber sie schaffen es nicht.

Die Zeit verstreicht. Die Sonne versinkt am Horizont. Die ersten Wolken kommen auf. Es beginnt dunkel zu werden. Und dann ... erst nur kaum zu hören, dann immer deutlicher ... erst ein unheimliches Ahnen, dann grausame Gewissheit: Die Flut kommt. Das Wasser umspült schon ihre Füße. Und Klaus sitzt noch immer fest. Gefangen in der verdreckten, rostigen Kette.

Todesangst befällt die drei Jungen. Jetzt werden noch einmal alle Kräfte eingesetzt. Sie reißen, sie zerren, sie ziehen ... Schweißtropfen rinnen über ihre verzweifelten Gesichter. Ihre Augen fiebern.

»Helft mir doch!«, brüllt Klaus gegen den aufkommenden Wind. Und unaufhaltsam kehrt das Meer zurück. Bald reicht ihnen das Wasser schon bis an die Kniekehlen.

Was sollen sie nur tun?! Jetzt wird jede Minute, ja jede Sekunde kostbar. Aber die Kette hält unseren Klaus fest im Griff. Es geht jetzt um Leben oder Tod ...

Manipulation

Manipulation verstehe ich als Bindung, als Knechtung. Man sitzt in einer Kette gefangen. Man ist fasziniert, gefesselt (lat.: fascinare). Man sitzt fest, wird gesteuert und hat keinen Bewegungsspielraum mehr. Der eigene Wille ist gelähmt. »Unser Denken ist enteignet« (Karl Steinbuch). Der Mensch als Marionette.

Viele erkennen das heute. Sie merken, dass man festsitzt. Sie sehen die Misere, wollen sich befreien und werden schnell ernüchtert: Es geht nicht. Man kommt nicht heraus aus seinem Teufelskreis. Die Macht der Manipulation hat den heutigen Menschen voll im Griff.

Doch deren Kette ist nicht so Ekel erregend verdreckt wie die des transatlantischen Kabels. Nein, sie umgarnt den Menschen mit goldenen Fäden. Unmerklich, mit faszinierendem Charme wird der Mensch eingewickelt. Solange, bis er sich nicht mehr frei bewegen kann. Erst ist es nur Spiel ... Dann sitzt man fest. Gefangen zum Tod.

Gesteuert

Manipulation – das ist diese gängelnde und bindende »außengesteuerte Beeinflussung und Lenkung des Menschen« (Herder-Lexikon). Gebrauchte man das Wort vor Jahrzehnten noch in völlig neutralem Zusammenhang (»Handgriff«, »Kunstgriff«), so ist heute der negative Klang unüberhörbar. Manipulation – das ist längst der »Kunstgriff« der Politpropaganda, der Wirtschaftswerbung und der Informationsindustrie. Man könnte definieren: »Gezielter

Einfluss auf Entscheidungen von Menschen, den diese als gezielten Einfluss (und damit Beeinträchtigung ihrer freien Entscheidung) nicht wahrnehmen« (Kirn).

Manipulation ist »die Kunst, jemanden zu einem Zweck zu gebrauchen, den er nicht kennt« (Arnold Gehlen). Sie ist (so der »Große Brockhaus«) eine »Steuerung fremden Verhaltens, derer sich die betroffenen Personen kaum oder gar nicht bewusst werden und die besonders im Interesse des Ausführenden liegt«.

Passiv müsste man sagen: Mit dem Menschen wird etwas gemacht. Aktiv hieße das: Menschen machen etwas mit Menschen.

Unsere Zeit ist die große Epoche der Manipulation. Nicht nur auf wirtschaftlichem, auch auf geistig-ethischem Gebiet wird die Machbarkeit propagiert. Ganze Ideologien verschreiben sich der Umerziehung von Mensch und Gesellschaft. Auf dem Karren der Manipulation fahren wir einem goldenen Zeitalter entgegen. Letzteres wird verheißen, Ersterer wohlweislich verschwiegen. Alles scheint machbar. Wie schwärmt man doch von den Pragmatikern, den Machern.

Da ist also eine Macht, die bestimmte Menschen mit bestimmten Mitteln zu bestimmten Verhaltens- und Denkweisen bringt. Diese Macht ist nie anonym. Obwohl es das Bestreben der Manipulation ist, unerkannt zu bleiben. Deshalb bedarf es eines wachen und kritischen Geistes, diese Machenschaften zu entlarven. Sicher ist die Manipulation inhaltlich als geistig-ideologische Kraft auszuweisen. Aber die Form ist personal. Ganz bestimmte Menschen wollen unter raffiniertester Ausnutzung technischer, psychologischer und soziologischer Mittel ganz bestimmte Ziele erreichen. »Manipulation ist Verhaltensbeeinflussung zu fremdem Nutzen« (R. Lay).

Gleichgeschaltet

Wer denkt da nicht an die Gleichschaltung einer ganzen Nation, die via Volksempfänger manipuliert wurde?! Nur mit dem Einsatz moderner Nachrichtentechnik war es Hitler möglich, in den dreißiger Jahren in rasantem Tempo ein ganzes Volk in seinen Bann zu ziehen. »Der Aufstieg Hitlers und die nationalsozialistische Umwälzung der deutschen Gesellschaft wurden nicht zuletzt einer dämonisierenden Wirkung der Massenmedien zugeschrieben« (W. Bergsdorf).

Der Soziologe Helmut Schelsky nennt das deutsche Volk des Dritten Reiches eine »mediengesteuerte Meinungseinheit«. Indem Hitler das neu konstruierte Massenmedium »Volksempfänger« nutzte, vollzog sich der »Sprung in die Medienherrschaft«. Schelsky nennt die Gründung des Dritten Reiches 1933 zwiespältig. »Hier ist zum ersten Male der ›Marsch durch die Institutionen‹, nämlich die der Weimarer Republik, bewusst und offiziell erfolgreich durchgeführt und danach durch das Machtmittel ›Publizität‹ ein neues Regime stabilisiert worden.« Mit Hilfe einer gleichgeschalteten Presse und der neuen elektronischen Mittel ist es dem Nazipropagandisten Goebbels gelungen, »aus einer nationalen Gesinnungsgemeinschaft eine ideologische Meinungsgemeinschaft zu machen« (Schelsky). Der geradezu perfekte Propagandaapparat von Goebbels ist das atemberaubende Exemplar einer vollkommenen Strategie zur Massenbeeinflussung. Das, was bis heute Informationspolitik sozialistischer und faschistischer Diktaturen geblieben ist, hatte seinen großen Lehrmeister im Berliner Reichspropagandaministerium.

Gegenüber einer derart fabrizierten »öffentlichen« (besser: veröffentlichten) Meinung ist der Einzelne machtlos. »Es ist schwer, ja unmöglich, ideologische Regimes von innen zu überwinden, solange und sofern sie im Alleinbesitz der Kommunikationsmittel sind« (K. D. Bracher).

Hier geht es längst nicht mehr darum, lediglich bestimmte Bevölkerungsgruppen (wie etwa im Wahlkampf) anzusprechen oder bestimmte Verhaltensweisen (wie in der Werbung) zu beeinflussen. Die fesselnde und steuernde Manipulationsmacht diktatorischer Ideologien hat die Totalbeeinflussung zum Ziel. Alle Verhaltens- und Denkweisen sollen gleichgeschaltet werden. Und diese konforme und uniforme Gesellschaft soll alle Menschen umfassen. Deshalb ist auch unsere heutige Massengesellschaft ein dankbares Objekt der Manipulation.

Der Massenmensch

Die Masse – sie ist Ziel und Spielball zugleich. So wird Manipulation auch definiert als moderne Herrschaftstechnik zur Steuerung großer Massen, bei der persönliche Erkenntnis und Wissen des Einzelnen ausgeschaltet werden. Es geht von vornherein um die Masse Mensch. Schon deshalb entlarvt sich das kollektivistische Idealbild einer sozialistischen Gesellschaftsordnung als kalter Betrug. Was uns als »Gleichheit, Freiheit, Brüderlichkeit« einer freien Gesellschaft – frei von Egoismus und Individualismus – verheißen wird, deformiert sehr schnell zu einer leicht steuerbaren Masse. Wo das Individuum im Kollektiv aufgeht, geht die Persönlichkeit des Menschen unter. Und damit auch das selbstständige Denken und Handeln.

Hierin liegt die große Gefahr der Vermassung des Menschen. Und zwar auf allen Gebieten. Die Zusammenballung in Wohnsilos und Massenuniversitäten und -schulen ist dann genauso schlimm wie die Vermassung in Arbeit und Freizeit. Man denke nur an die »Nummer Mensch« im Mammutkonzern oder den »uniformierten« Raver bei der Love-Parade.

Einer der großen Theologen des letzten Jahrhunderts, der Erlanger Systematiker Walter Künneth, schreibt als Frucht seiner leidvollen Erfahrung mit der Manipulationsstrategie des Hitler-Regimes in seiner Ethik »Politik zwischen Dämon und Gott«: »Masse ist nicht gleichzusetzen mit der ›Menge‹ oder der großen ›Zahl‹, sondern besagt eine soziologisch-psychologisch eigenständig neue Wirklichkeit. ›Masse‹ ist eine neue Existenzform des Menschen, welche Körper und Geist mitbestimmt, bedeutet Gleichschaltung der Seele, des geistigen Lebens, Gleichheit des Willens und der Gefühlsrichtung, Gleichheit des Lebensziels, Uniformität der Lebenshaltung.«

Manipulation entlarvt sich damit als Teufelskreis. Die Individualität des Menschen wird ausgeschaltet. Eine Gesellschaft wird zur Masse gleichgeschaltet. Und diese Masse wird als Spielball zum dankbaren Objekt der Manipulation. Ein mörderischer Kreislauf. »Das Opium für die Masse – das sind heute die Massenmedien« (M. Muggeridge).

Gewissenlose Gesellschaft

Schon 1895 hat Le Bon in seinem Buch über die »Psychologie der Massen« festgestellt, dass der Massenmensch sein Denken und Handeln, seine Verantwortung und seine Entscheidungen an die Masse abgibt. Damit wird er vollständig manipulierbar.

Denn in der Masse gibt es ja keine persönliche Verantwortung mehr, weil das Individuum im Kollektiv aufgegangen ist. Ist es nicht auffällig, dass heute bei eigenen Fehlhaltungen so oft die Gesellschaft zum Schuldigen gestempelt wird, dass es Eigenverantwortung für viele nicht mehr gibt? Wo aber persönliche Schuld »vergesellschaftet« wird, da gibt es auch keine persönliche Freiheit. Ein Teufelskreis auch hier.

Die Massengesellschaft beendet die Freiheit des Einzelnen. Masse ist Macht. Und wer zur Besinnung kommt und nüchtern nachdenkt, stellt in der Analyse seiner Existenz fest: Ich denke ja gar nicht mehr, ich werde gedacht; ich handle nicht mehr, ich werde gehandelt – und das meist als kollektivistische Billigware im ideologischen Ramschverkauf. Ich entscheide nicht mehr, es wird über mich entschieden. Meinungen und Verhaltensweisen werden mir vorgegeben.

Da ich nichts mehr selbst tue, bin ich folglich auch für nichts mehr verantwortlich. Die Schuldfrage wird an den Nagel der Masse gehängt. Schuld bin nicht ich, schuld sind – wenn überhaupt – alle. Dies war die typische Haltung derer, die aktiv in die nationalsozialistische Tötungsmaschine eingespannt waren.

Masse kennt kein Gewissen. Es stumpft ab und stirbt. Denn Gewissen ist ein Zeichen von Persönlichkeit und Individualität. Deshalb ist Ideologie immer gewissenlos. Wen will man denn heute für den Mord an ungeborenem Leben schuldig sprechen, wenn die darwinistische Ausleseideologie zum gemeinsamen Credo erhoben wird?! Wem will man erklären, dass Präimplantations-Diagnostik (PID) oder Embryonenforschung in Deutschland verboten sind, während um uns herum andere Gesetze gelten? Wer fragt denn noch nach Recht und Unrecht, wenn alle es tun? Es ist ja schließlich nicht »von oben« befohlen worden, sondern eine demokratische Entscheidung.

Diese Form von Gewissenlosigkeit mag ein sanftes Ruhekissen sein, ist aber pure Wirklichkeitsverachtung. Es war doch ein umwälzender Prozess der Bewusstseinsveränderung, der Abtreibung legalisierte wie Hausbesetzungen. Was war es denn nun, was hier in Gesetzesform gegossen wurde; die *öffentliche* Meinung oder die *veröffentlichte*? Hier sieht Walter Künneth auch die Grenzen demokratischer Staatsformen, wenn »das Zustandekommen des Mehrheitswillens keineswegs immer durch die Überzeugungskraft sachlicher Argumente herbeigeführt wird, sondern oft genug ein Produkt skrupelloser Propaganda darstellt«. Die Pressefreiheit wird da zum makabren Fortschritt, wenn wenige die Meinung vieler beeinflussen, wie die Prominenten-Titelseite des »Stern«: »Ich habe abgetrieben.«

So wären wir also auch in der westlichen, rechtsstaatlich-demokratisch geordneten Welt wieder bei möglichen Steuerungsmechanismen der Manipulationstechnik angelangt. Manipulation ist kein Privileg der Diktatur. Ideologischer Missionsjournalismus kennt sein Handwerk bis heute – dort nämlich, wo der Wunsch, »andere von der eigenen Auffassung zu überzeugen oder politischen Einfluss auf Sachverhalte auszuüben« (Donsbach), Vorrang vor der bloßen journalistischen Vermittleraufgabe hat. Eine Studie der Universität Mainz beschreibt die unterschiedliche Motivlage angelsächsischer und deutscher Journalisten so: Die ersteren wollen Politik beschreiben, um die Konsumenten mit Informationen zu selbstständiger Meinungsbildung zu befähigen, die anderen verstehen sich selbst als Politik- und Meinungsmacher. Demokratie fordert Wachsamkeit, »weil unsere Miterzieher heimlich am Werk sind« (Hans Maier), oft geschickt getarnt unter den Etiketten »überparteilich« und »ausgewogen«.

Die Manipulationsmacht
der Massenmedien

Ohne einem Medienmacher unterstellen zu wollen, er manipuliere bewusst, ist die technische Möglichkeit dazu unübersehbar. Allein die Existenz der Massenkommunikationsmittel in fast jedem Haushalt öffnet der Außensteuerung Tor und Tür. Denn das sollte jeder Medienkonsument wissen: Wer Zeitung, Hörfunk, Fernsehen und Internet in seinen Gesichtskreis holt, setzt sich damit – ganz gleich, wie man den Inhalt bewertet – einer Beeinflussung aus. Er öffnet sich einer Welt, die er meist nicht mehr kontrollieren und auf Wahrheit überprüfen kann.

Antennengesteuerte Freizeitdiktatur

Die große Reichweite gibt den Massenmedien grenzenlose Chancen. 185 Minuten verbrachte der Durchschnitts-Deutsche im Jahr 2000 pro Tag vor dem Fernseher. Das sind hochgerechnet 140 Arbeitstage im Jahr und schließlich neun Jahre eines durchschnittlichen Lebens. Der Medienkonsum ist in den letzten 20 Jahren des vergangenen Jahrhunderts sprunghaft gestiegen, und zwar um satte 60 Prozentpunkte. 502 Minuten pro Tag widmete man sich im Jahr 2000 TV, Radio, Internet und Zeitungen, 1980 waren es 309 Minuten.

Eine fast unglaubliche Zahl, in der allerdings parallele Mediennutzung einberechnet ist. Während Fernsehen (185 Minuten) und Hörfunk (206) Spitzenreiter sind, rangieren Zeitungen (30) und Bücher (18) weit hinten. Ernüchternde Umfragen bot die »Stiftung Lesen« für

2001: 31 Prozent lesen selten, 28 Prozent sogar nie ein Buch.

Das Lieblingsmedium der Kinder ist unangefochten das Fernsehen. Nach dem Zusammensein mit Freunden ist fernsehen die zweitliebste Freizeitbeschäftigung, für die 6- bis 13-Jährigen in den mitteldeutschen Bundesländern sogar die Nummer eins. Jedes dritte Kind hat bereits ein eigenes Gerät (West: 29 Prozent, Ost: 51 Prozent), und drei Viertel aller Kinder wollen auf das Fernsehen am wenigsten verzichten. Fast jedes zweite Kind schaut aus Langeweile fern und gibt an, dass sich auch das Zusammensein mit den Eltern hauptsächlich vor dem Bildschirm abspielt (sämtliche Daten aus »Media Perspektiven« 8/2000).

Der Computer hat jedoch einen ungebrochenen Siegeszug angetreten und macht dem Fernseher immer stärker Konkurrenz. Von 1999 bis Mitte 2001, innerhalb von nur 18 Monaten, ist die Ausstattungsrate der Haushalte von 47 auf 57 Prozent gestiegen. Jeder dritte Haushalt ist jetzt »online«. 16 Prozent aller Kinder sitzen täglich am Computer, 31 Prozent surfen häufig im Internet. Übrigens sagen nur 44 Prozent der Kinder, dass ihre Eltern wissen wollen, was sie am Computer machen.

Vom Fernsehen erwarten sich die meisten Zuschauer neben Informationen vor allem Spaß. Zwei Drittel, so eine Umfrage des Instituts der Deutschen Wirtschaft 2001, sehen vorwiegend Unterhaltungsprogramme.

Die bloße Existenz des Fernsehapparates manipuliert schon unsere Zeiteinteilung. Verabredungen werden nur noch mit dem Blick auf die Programmzeitschrift getroffen. Wann gegessen wird, bestimmen Tages- und Sportschau, Talkshows und Serien. Die moderne Fernsehfamilie ist zerrissen in verschiedene Räume vor verschiedene

Programme. Dabei folgt dem äußeren bald der innere Riss.

Dieser antennengesteuerten Freizeitdiktatur kann sich kaum einer mehr entziehen. Dem elektronischen Babysitter vertraut man das Kleinkind an. Und die Oma soll sich gefälligst einen Fernseher anschaffen, wenn sie Unterhaltung braucht; das ist schließlich billiger und einfacher, als sich selbst mit ihnen zu beschäftigen.

Lesen und Spielen, Musizieren und Unterhalten – das sind bereits Fremdworte einer unter der Tele- und PC-Herrschaft stehenden Generation. Man verdammt sich zum Schweigen. Man sitzt vielleicht in einem Raum beieinander, lässt sich jedoch nur passiv berieseln. Im andächtigen Halbkreis sind die Sessel vor dem elektronischen Hausaltar geordnet. Der »runde Tisch« hat ausgedient.

»Der Mensch wird in die Passivität gedrängt und auf die Medien als seine Vormünder verwiesen; Musik und Sport werden nur noch gehört und gelesen, kaum mehr selbst betrieben; das Lesen entartet zur Flüchtigkeit, das Gespräch verstummt, das Gedächtnis bleibt ungeschult« (Schelsky). Ex-Bundeskanzler Helmut Schmidt spricht von der »glotzenden Gesellschaft«. Das sind die goldenen Ketten der Faszination. Das ist Manipulation, Außensteuerung und Bewusstseinsveränderung. Ganz gleich, welcher Inhalt uns geliefert wird – der unbeherrschbare Konsum per Knopfdruck macht den Menschen zum Statisten.

Udo Jürgens singt bezeichnend in einem seiner Schlager:

Was zieht mich Abend für Abend nach Haus?

Die Glotze!

Wenn ich kaputt bin, wer heitert mich auf?

Die Glotze!

Wer unterlegt die Welt mit Musik?
Wer rettet täglich mein Eheglück?
Die Glotze ist doch das Größte, ist ja klar,
ich glotze mir meine schönsten Träume wahr.
Wozu Wälder, wozu Wiesen?
Fernsehen lässt mir Blumen sprießen!
Wozu Leidenschaft und Liebe?
Fernsehen stillt auch diese Triebe.
Wo das Schicksal grausam waltet,
bin ich live dazugeschaltet.

Nicht nur in den USA, auch in Berlin gibt es Spezialabteilungen in Krankenhäusern für fernsehsüchtige und -geschädigte Kinder. Inzwischen gibt es die SMS-Sucht (Short-Message-System der Handys). Viele Kinder und Jugendliche kommunizieren ausschließlich über Handy-SMS (und verschulden sich nebenbei noch hoch). Experten beklagen, dass vor allem labile und kontaktschwache Menschen vom Internet abhängig werden. Exzessive Online-Spieler und Dauer-Surfer seien unfähig, sich ihre Zeit einzuteilen. Folgen: Realitätsverlust, Isolation, Nervosität, Schlafstörungen, körperliche Schäden an Wirbelsäule und Nacken.

Bundespräsident Carstens war es, der einst bei der Eröffnung der Internationalen Funkausstellung in Berlin sagte: »Mit den technischen Zaubermitteln kann man die Klang- und Farbenfülle der ganzen Welt in sein Wohnzimmer holen. Aber es ist auch sehr gut, dass all diese großartigen Geräte einen kleinen Schalter haben, der sie zum Schweigen bringt. Ich meine, mit dem rechten Gebrauch dieses Schalters wird man auch den anderen großen Vorzügen solcher Geräte gerecht. Sie sind da, um zu informieren und zu unterhalten, nicht aber, um einzulullen und zu beherrschen.« Einer seiner Nachfolger, Roman Herzog, warnte vor einer »flächendeckenden Volksverdummung«, die sich eine funktionale Demokratie nicht erlauben könne.

Menschen machen Medien

Wenige Menschen berichten, kommentieren, zeigen und wählen aus, was Millionen sehen, hören und in sich aufnehmen. »Journalisten besitzen gesellschaftliche Privilegien, die es ihnen erlauben, mehr als andere Mitglieder der Gesellschaft auf den Meinungs- und Willensbildungsprozess Einfluss zu nehmen« (Donsbach).

Der Soziologe Helmut Schelsky schreibt: »Durch den Einsatz der sinn- und bewusstseinsprägenden Schalthebel bilden Journalisten und Redakteure als Multiplikatoren die eigentliche gesellschaftspolitische Schlüsselindustrie.«

»Publizistik ist Macht, die vierte Gewalt im Staate«, analysiert Karl Steinbuch. Diese These verschärft Alexander Solschenizyn: »Die Medien sind in den westlichen Ländern zur größten Macht geworden; mächtiger als die Legislative, die Polizeigewalt und die Rechtsprechung.«

Eine solch gedrängte Untersuchung wie dieses Buch kann ja nur einige Gedanken anreißen. Mit Solschenizyn wären wir nun bei inhaltlichen Fragen der Medien. »Mächtiger als die Legislative ...« Sind nicht manche Gesetze demokratischer Parlamente das Ergebnis des »publizistischen Konformitätsdrucks« (Noelle-Neumann), das Resultat einer Stimmungsdemokratie? Bundestagspräsident

Thierse beklagte 2001 eine zunehmende »Talkshow-Demokratie«, in der die Medien die Funktion der Plenarsäle übernähmen. Wagt es eigentlich noch ein Politiker, gegen die »öffentliche« Meinung zu votieren? Man will schließlich wiedergewählt werden; und dazu haben die Massenmedien mit ihrem Privileg des Totschweigens, Verurteilens oder Hochjubelns ein Wörtchen mitzureden ...

»Mächtiger als die Polizeigewalt ...« Welcher Polizist führt eigentlich noch gern seinen gesetzlichen Auftrag aus, wenn er sich abends auf der Mattscheibe in der Pose des brutalen Schlägers wiedersieht? Die Gewerkschaft der Polizei gibt den Filmemachern die Mitschuld am Imageverlust ihres Berufes. Und so makaber es klingt: es bedurfte erst der erschütternden Bilder des grauenhaften Terroranschlags auf New York am 11. September 2001, um den not-wendenden Sinn von Polizei und Armee ins allgemeine Bewusstsein zurückzuholen.

»Mächtiger als die Rechtsprechung ...« Auch hier ist – besonders in der Boulevardpresse – ein unübersehbarer Konformitätsdruck spürbar. Normale Strafverfahren werden zu Sensationsprozessen hochstilisiert und das Urteil bereits publizistisch suggeriert. Was soll ein Richter tun, der »im Namen des Volkes« urteilt, obwohl die durch die Regenbogenpresse beeinflusste Öffentlichkeit längst anders entschieden hat ...?

Welt im Wohnzimmer

Es ist ein Privileg der Journalisten, zu selektieren und Öffentlichkeit zu verleihen. Die Massenmedien haben »Tagesordnungsfunktion« (Prof. Schmidtchen). Aus der Fülle eingegangener Nachrichtenmeldungen können ja nur wenige zur Veröffentlichung ausgewählt werden. Allein schon Platz- und Zeitgründe zwingen dazu. So stellt sich nach einer ganztägigen Bundestagsdebatte für den Berichterstatter im Fernsehen die Frage: Welcher Redner mit welcher Redepassage zu welchem Thema darf nun die 30 Sekunden Sendezeit füllen? Hier das Hineinspielen von Subjektivität leugnen zu wollen, wäre pure Verlogenheit.

Geradezu unerschütterlich scheint die Glaubwürdigkeit des Fernsehens zu sein. Zur Zeitungssprache sagt der Volksmund: »Lügen wie gedruckt.« – »Bilder dagegen, insbesondere bewegte Bilder, durchbrechen die rationale Dimension, sprechen stärker Emotionen an und wirken auf uns eigenartig glaubwürdig; sie schaffen eine Illusion von Wirklichkeit« (SDR-Intendant Hans Bausch). Filme suggerieren den Eindruck, als wäre man dabei gewesen. Die Welt im Wohnzimmer. Jedoch ist es in Wirklichkeit immer nur eine Welt aus zweiter Hand, durch die Brille, den Ton- und Kamerafilter eines Journalisten betrachtet.

Wer dies nicht mehr unterscheiden kann, dessen Denken ist bereits enteignet. Er lebt mit einem »reduzierten, gesteuerten Blick« (W. Lippmann). Seine Welt ist nichts anderes als die »Pseudowelt« (Gehlen) der Medien. Ein Forschungsbericht des Publizistischen Instituts der Universität Mainz unterscheidet zwischen Real- und Medienkultur. »Medienkultur ist die Auswahl von Welt, wie sie die Medien bieten. Und soweit diese Welt außer Reichweite ist, außer Sicht des Menschen liegt, ist es meist die einzige Ansicht von Welt, die er besitzt« (Kepplinger). Übrigens: Nichts ist subjektiver als das Objektiv einer Kamera! »Wir informieren uns zu Tode«, meint der amerikanische Kommunikationswissenschaftler Neil Postman (»Zeit« 41/1992). Die Flut der Katastrophen-Information mache den Menschen hilflos und ängstlich. Was soll er schon dagegen tun ... Folglich wendet er sich um so heftiger der Pflege seines Selbst zu. So fördere, analysiert Postman, unsere Informationsgesellschaft geradezu Individualismus und Egoismus. Wer die Welt nur noch aus der Wohnzimmerperspektive kennt, ist kaum zum Engagement zu bewegen.

Wem diese (Medien-)Welt unberechenbar und unerträglich ist, für den ist die moderne Spaßgesellschaft die natürliche Antwort. »Wir amüsieren uns zu Tode«, warnte Neil Postman schon vor langer Zeit. Alles wird zum Event, der letzte Ernst ist verloren gegangen. Die Mediengesellschaft liebt das Schrille, das Exotische, die Sensation. Normalität haftet Langeweile an. Immer größer, immer schneller, immer weiter ist die Olympia-Norm der Informations-Industrie. Tabulos, schamlos, maßlos. Eben: gottlos.

Wir brauchen, so Postman, einen Verstehensrahmen, der Informationen ordnet und gewichtet. Wie zur Zeit der Bibel eine »Geschichte der Menschheit, die der Vergangenheit Bedeutung zuschreibt, die Gegenwart erklärt und für die Zukunft Orientierung liefert«.

Ex-ZDF-Intendant Dieter Stolte fragte bei den Mainzer Tagen der Fernsehkritik 2001 nach dem Wirklichkeitsverständnis und Wertgefüge unserer Gesellschaft und beklagte den Verlust einer bindenden Mitte: »Wir leben nicht nur zerstreut, sondern auch verstreut: jeder vor sich hin, jeder mit einem anderen Programm, einem anderen Ziel, ohne gemeinsames Zentrum, folglich auch ohne Zusammenhang.«

Wie Werbung wirkt

Millionen investiert die Wirtschaft in die Reklame. Sie weiß, was sie tut. Würden sich diese Unsummen lohnen, wenn der Zuschauer durch das Werbefernsehen unbeeinflussbar bliebe?

Die Werbung arbeitet mit der für die Manipulation typischen Schlagwortsprache. Sie suggeriert, dass alle Konflikte, Ängste und Sehnsüchte materiell befriedigt werden können. Alle Wünsche sind erfüllbar. Der Konsument wird mit dem, was er hat, unzufrieden gemacht, neue Bedürfnisse werden geweckt und der Ausweg zur Wunschbefriedigung wird gleich mitgeliefert: eben das angebotene Produkt. Werbung, so die Psychologen, erzieht den »Verbrauchertyp«: eine schwache, labile Persönlichkeit.

»Wenn in der Kindheit und Jugend ständig Spannungen mittels Konsum in Lust umgesetzt werden, kann nicht genügend Frustrationstoleranz, also nicht genügend die Fähigkeit aufgebaut werden, Bedürfnisaufschub und -verzicht zu ertragen. Die seelische Reifung stagniert« (Affemann).

Werbung appelliert bewusst an Schwächen. Sie manipuliert eine Sehnsucht nach Eigenschaften, die das reale Leben einem nicht bietet. Nach dem Motto: Whisky macht Männer hart, Rauchen frei, eine bestimmte Automarke sportlich und Rasierwasser männlich.

Wenn das die Wirkung von ein paar Werbesekunden ist, sollte man dann meinen, dass all die anderen Sendestunden den Zuschauer unberührt lassen? Dass sie ohne Einfluss auf sein geistiges und seelisches Leben bleiben?

Vorbild Bildschirm

Die Medien sind Instrumente der Außenlenkung. Sie hinterlassen Spuren bei ihren Konsumenten. Wenn die Werbung den Kauf von Zahnpasta und Waschmitteln beeinflusst, mag das harmlos sein. Wenn jedoch über dieselbe Mattscheibe politische und ethische Entscheidungen suggeriert werden, ist die Sache ernster. Erst entscheiden wir uns für den Stromanbieter des Schauspielers X und trinken den Cognac des Schlagerstars Y. Später lebt man wie X und wählt wie Y.

Der Vorbildcharakter des Fernsehens ist unbestreitbar. Es ist dann nur die Spitze des Eisberges, wenn ein sechsjähriger Junge seinen Kameraden auf dem Abenteuerspielplatz nach derselben Methode »hinrichtet«, die er im Fernsehfilm des vergangenen Abends gesehen hat. Ein amerikanisches Kind hat, wenn es die Schule verlässt, 11 000 Unterrichtsstunden hinter sich, aber 22 000 Stunden Fernsehen mit 350 000 Werbespots und mit 20 000 Morden. Altbundeskanzler Helmut Schmidt meinte schon vor Jahren: »Es geht vom Fernsehen ein unheimlicher pädagogischer Einfluss aus. Kein guter in aller Regel.«

Auch Erwachsene nehmen sich – meist unbewusst – die Medien zum Vorbild. Wirken Fernsehserien wie »Gute Zeiten, schlechte Zeiten« oder »Lindenstraße« vielleicht noch überzeichnet und lächerlich, so sind andere Filme sicherlich eingängiger. Da ist der Kommissar eben geschieden und die Familie kaputt. Vater hat seine Freundin, Mutter arbeitet selbstverständlich und die Kinder gehen ihre eigenen Wege. Kirche, Pfarrer, Traditionen und Konventionen dienen allenfalls zur Karikierung längst überwundener »bürgerlicher Zwänge«. Neil Postman warnt: »Das Gefährliche ist nicht der offensichtliche

Schund, sondern, dass alles als Unterhaltung präsentiert wird.« »Kein Schwachsinn, keine Perversion, keine noch so abwegige Marotte, die nicht in extenso bunte Seiten und Bildschirme bevölkern würde« (Roman Herzog).

Natürlich ist unbestritten, dass die Medien nicht nur Schöpfer, sondern auch Spiegel ihrer Zeitepoche und deren Werte sind. Aus der Forschung wissen wir jedoch, dass die »Fernsehfamilie« Einfluss auf die häusliche Alltagsrealität hat.

Es gibt immer mehr Menschen, die nur noch in der manipulierten Schweinwelt mediengesteuerter Träume leben. Das führt zur Abstumpfung gegenüber der Wirklichkeit, zu Passivität, Kontaktarmut, mangelnder Kreativität und zerstört letztlich Persönlichkeit und Familie. Neue Wertmaßstäbe werden gesetzt und neue Lebensformen praktiziert. »Fernsehen ist, wenn man hinsieht und dann einsieht, dass man nichts sieht« (TV-Komiker Hape Kerkeling).

Manipulierte Mündigkeit

Gerade die Medienmacher, die sich als kritisch und modern einstufen, wollten eine neue Aufklärung einläuten. Man sollte sich emanzipieren von bürgerlichen Zwängen; sich nicht länger manipulieren lassen von Staat, Kirche und Tradition; mündig werden. Das war das Schlagwort einer neuen Gesellschaft: Mündige Bürger brauchen wir.

Haben diese Macher den Bürger nun »in seine Mündigkeit entlassen«? Oder halten sie ihre Konsumenten weiter am Gängelband? Eines der Merkmale von Mündigkeit ist die Fähigkeit selbstständiger Meinungsbildung. Aber wer wird schon mit der Fülle der Informationen fertig? So ist man geradezu dankbar, wenn einem die Medien das Denken wiederum abnehmen. Hier wird propagiert, was »man« denkt, fühlt und tut. Hier werden Mode- und Musikgeschmack manipuliert. Hier wird das schreckliche Wort »man« geboren, dem keiner sich zu entziehen wagt.

»Der publizistische Konformitätsdruck bewirkt eine ständige Angst des Einzelnen, sich in seiner eigenen Meinung von der Mehrheitsmeinung, der ›öffentlichen Meinung‹, zu unterscheiden« (Noelle-Neumann). Karl Steinbuch, langjähriger Direktor des Instituts für Nachrichtenverarbeitung der Universität Karlsruhe, spricht sogar davon, der Bürger würde »im Zustand der Unmündigkeit gehalten«. Er beklagt, dass der freie Wille bedroht und das Gerede vom mündigen Bürger nichts anderes als ein sprachlicher Betrug sei. »In unserer Zeit werden die Massenmedien zu Mitteln der Fernsteuerung des Verstandes und verhindern dessen selbstständigen Gebrauch.«

Fast prophetisch klingt da ein Satz, den Friedrich Nietzsche vor über hundert Jahren schrieb: »Im 20. Jahrhundert werden diejenigen die wahre Herrschaft ausüben, die den Sprachgebrauch bestimmen.« Manipulation ist vor allem die »Manipulation durch die Sprache« (Lay). In Worthülsen werden Inhalte geliefert, die ohne Zweifel bewusstseinsverändernden und -prägenden Charakter haben.

Plädoyer pro Presse

Im Blick auf die Massenmedien darf nun aber keineswegs das Kind mit dem Bade ausgeschüttet werden. Der Nutzen der rasanten kommunikationstechnischen Entwicklung ist größer als ihr Schaden, *wenn* man kritisch konsumiert und sich nicht beherrschen lässt. Wir gehören zur bestinformierten Generation aller Zeiten. Ein bedeutsames Ereignis – man denke nur an Parlamentsdebatten, Sport- und Kulturveranstaltungen oder Gottesdienste und Übertragungen aus dem Weltraum – live miterleben zu können, dürfte wohl kaum negativ veranschlagt werden. »Die modernen Kommunikationsmittel eröffnen uns unabsehbare Möglichkeiten der Bildung und Unterhaltung« (K. Carstens).

Das Medium als solches zu dämonisieren, wäre daher Unsinn. Es ist wertneutral wie das Papier und die Druckerschwärze dieses Buches. Entscheidend ist, wer was mit welcher Absicht durch dieses Medium übermittelt. Hier gilt es wachsam zu sein und alle Manipulationsversuche zu entlarven. Manipulation will Sucht – und sei es die Fernseh-, SMS- oder Internetsucht.

So sollten wir uns in unseren Familien verabreden, welche Zeitschriften abonniert, welche Fernsehsendungen gesehen werden oder wie lange im Internet gesurft wird. Dem gemeinsamen Schweigen vor der Mattscheibe sollte das Gespräch über das Gesehene folgen. Man sollte wissen, dass die Welt immer mehr ist als der subjektive Ausschnitt eines Kameraobjektivs.

Der Psychologe Alexander Mitscherlich schreibt: »Fernsehen ist ebenso wenig schädlich, wie der Wein schädlich ist; krankhaft ist lediglich die Unfähigkeit, mit dem Lust versprechenden Angebot umgehen zu können.« Aber der rechte Umgang will gelernt sein.

Um jedoch eine wirksame Therapie entwickeln zu können, muss die Diagnose stimmen. Dazu sollte das bisher Geschriebene helfen. Der Bundesbürger vertreibt statistisch gesehen die Hälfte seiner Freizeit mit Massenmedien. Von dort wird er auch ausschließlich informiert. So kann das Thema »Manipulation« daran nicht vorbei.

Bloße Fernsehmenschen sind vermasste, ferngesteuerte Nullen. Was wir brauchen, sind Persönlichkeiten, selbstständig denkende, kreative Leute. Wir dürfen uns nicht entmündigen lassen durch den Mund der Massenmedien, auf deren Informationen wir angewiesen sind.

Experten beklagen, wir seien zwar ständig informiert, aber letztlich ohne Orientierung. »Overnewsed and underinformed«, wie die Amerikaner sagen. Alte Lexika definieren Information noch als »Unterweisung«. Sie hat also einen Zweck: In-Form-Bringen, Ausrüstung für die vielen Pflichten des Alltags, wie ein Trainer seine Mannschaft in Form bringt. Informationen sollen uns fähig machen, scharf zu beobachten, nüchtern zu urteilen und entschlossen zu handeln. Sie sollen uns helfen, Gutes vom Bösen zu unterscheiden, und das Gute nachahmenswert erscheinen lassen. Die Wissensmenge verdoppelt sich alle fünf Jahre. »Der Mensch droht, in der Informationsflut unterzugehen« (Wirtschaftswoche).

Manipulieren mit Methode

Moderne Manipulation versteht ihr Handwerk. Und je weniger sie erkannt wird, umso perfekter ist ihre Umgarnungsstrategie. Dennoch wissen oder fühlen wir, dass wir irgendwie beeinflusst und gesteuert werden. Irgendwie; ohne es genau definieren zu können. Die folgenden Punkte sind nur ein paar der zahlreichen Merkmale manipulativer Methoden. Aber sie bieten vielleicht Informationen zur Gegenstrategie.

Der »Große Brockhaus« nennt Manipulation den Versuch, »spezifische Bedürfnislagen (Einstellungen, Motivationen) durch neue Anreize, sozialen Konformitätsdruck und durch Prestigesuggestion zu erzeugen«. Besondere Wirksamkeit verspricht man sich dabei von Konfliktsituationen, in denen Spannungen und Ängste auftreten, die sich durch Übernahme des angesteuerten Verhaltens bzw. durch Abbau der nicht erwünschten Verhaltensweisen vermindern lassen.

Am Anfang Angst

Manipulation treibt ihr Spiel mit der Angst – nach dem gleichen Muster wie die Werbepsychologie, denn angesichts mancher aggressiver Reklamespots bekommt man ja regelrechte Angst- und Schuldgefühle, wenn man nicht das modernste Auto fährt oder ein bestimmtes Modelabel bevorzugt. Nur geht es hier ja nicht um materielles Konsumverhalten, sondern um geistig-moralische Wertvorstellungen, die dann in Lebensformen umgemünzt werden.

Der Manipulator suggeriert zunächst Angstgefühle, schürt sie kräftig und weist dann – erleichtert von seinen Opfern als Hilfe aufgenommen – seinen Ausweg: Verhaltet euch so oder so, und ihr werdet die Angst los. Werbepsychologisch müsste man sagen: Wer jemanden durch den Kauf eines bestimmten Produktes befriedigen will, muss ihn zunächst unzufrieden machen. Die Masche ist – bei genauer Betrachtung eines Reklamespots – allzu durchsichtig. Aber Vorsicht! Geistige Ware wird nach demselben Schema verkauft. Man denke nur an die emotionsgeladene Energie bei der angsterfüllten Diskussion von BSE oder Maul-und-Klauen-Seuche. Unsere angstverdrängende Spaßgesellschaft ist zum Heulen, da sie aus dem Staat eine Stimmungsdemokratie macht.

Angst soll als Grundgefühl bleiben, denn nur auf diesem Boden gedeiht eine fruchtbare Manipulation. Im Blick auf diktatorische Manipulationsmethoden meint der Stuttgarter Sozialphilosoph Günter Rohrmoser: »Es ist die Angst, aus der die totalitären Gewalten ihre Macht über die Menschen beziehen. Ohne Angst als die kollektive Grundstimmung eines ganzen Volkes hätte sich Hitler nicht als Retter, ja als Erlöser empfehlen können.«

Da Geschichte bekanntlich das beste Lehrbuch für Gegenwart und Zukunft ist, scheint es mir schlichtweg unchristlich, sich am Schüren von Kriegsangst und Europapessimismus heute zu beteiligen. Es blüht wieder das emotionsgeladene Geschäft mit der Angst.

Appell an das Gefühl

Ideologie ist immer emotional und suggestiv. Denn als Utopie hält sie der Realität nicht stand. Folglich muss sie sich in die Emotion flüchten. »Es deutet sich etwas Utopisches an, was auch schon früher die Geister verwirrt und die Jugend bezaubert hat: ein Paradies der Gutgesinnten, in dem nichts mehr verboten ist: Friede und Liebe; make love, not war; rauschhafte Verbrüderung bei Gitarrenklang; Mensch, es könnte alles so schön sein; Löwen bei Lämmern ... Eine alte, liebliche Utopie« (Prof. Werner Ross).

Manipulation braucht Masse. Gefühlswallende Kundgebungen – früher im Militär-, heute im Rock- oder Techno-Sound – und markige Reden reißen mit. Die voranflatternde Fahne ist heute das Transparent, die Uniform der schrille Look. Man muss nur richtig »anheizen«, dann wird selbst der Friedensjünger zum Schläger. Wer je eine Massendemonstration mitgemacht hat, weiß davon. Deshalb ist es ja auch so schwer, Gewalttäter von ordentlichen Demonstranten (die es glücklicherweise gibt!) zu trennen.

Ein anderes Beispiel. Was kirchlich-friedlich aussieht, kann sich auch sehr schnell als geschickte Manipulationstaktik entlarven: die Gruppendynamik. Hier wird eine unbarmherzige Strategie unter dem euphemistischen Etikett erlösender Solidarität vermarktet, wie es Werbefachleute nicht besser machen könnten. »Die Gruppendynamik strebt unter den Beteiligten ein Wir-Bewusstsein an« (G. Bergmann). Wer sich nicht anpasst, wird als Störenfried empfunden. Er hat sich gefälligst anzugleichen – oder wird ausgestoßen.

»Gerade im kirchlichen Bereich kann die Gruppendynamik zu einem Mittel gefährlicher Manipulation werden. Durch geschickte Trainer kann eine Atmosphäre erzeugt werden, die dem Christen die klare Sicht nimmt, ihn emotional auflädt im Sinne des ›Seid umschlungen, Millionen, mit dem Kuss der ganzen Welt‹ und unter solchem Erleben des ›High-Seins‹ die Wahrheitsfrage unter den Tisch fallen lässt« (K. Heimbucher). Deutlich wird dies in naiven Diskussionen über die Gleich-Gültigkeit der Religionen, die unter dem Tarnwort Toleranz geführt werden.

Das Herz muss getroffen und der Verstand benebelt werden. Das scheint mir der heimliche Leitfaden erfolgreicher Manipulationsstrategen zu sein. Würde man sich nur einmal die Mühe machen, die Massenkundgebungen des Dritten Reiches mit denen östlicher (und nun ja auch westlicher) Länder zu vergleichen!

»Ideologie führt zu Utopie. Deshalb muss an das Emotionale appelliert werden, da die Ratio ausgeschaltet ist« (Künneth). Die Grenze zwischen Utopie und Realität wird verwischt und damit jeder vernunftmäßigen Kritik der Boden entzogen.

Verschleierung der Tatsachen

Manipulation ist eigentlich Desinformation, d. h. bewusste Fehlinformation. Man sagt nie die ganze, höchstens die halbe Wahrheit. Längst nicht alle Demonstranten sind – das belegen repräsentative wie auch Zufallsumfragen – imstande, die tatsächlichen Hintergründe ihres Demonstrationszieles zu erläutern. Es ist eine verlogene Anmaßung, frei gewählten Parlamenten und ausgewiesenen Experten von der Straße her – halb informiert und voll ideologisiert – Entscheidungen aufzwingen zu wollen. Das bedeutet den Tod einer parlamentarischen Demokratie, weil es das verbriefte Grundrecht auf Demonstrationsfreiheit pervertiert. Wenn das Mittelmaß den Ton angibt, ist man eben immer in Bestform.

Der Manipulator verzichtet bewusst auf Detailinformation und Sachargumentation. Er lebt von der Emotion und der Verschleierung der Tatsachen. Das macht viele Diskussionen heute so schwer und unfruchtbar, dass Leute ihren Mund weit aufreißen, ohne vorher ihren Verstand eingeschaltet zu haben. Die riesigen Möglichkeiten der Massenmedien machen den Menschen nicht unbedingt wach und kritisch. Im Gegenteil. Er droht in der uferlosen Informations- und Bilderflut zu ertrinken. »Hilflos halten wir fast alles für möglich, sind geradezu leichtgläubig« (Neil Postman). Dummheit ist immer noch ein guter Nährboden für Ideologen gewesen. »Der Verlust historischer Erfahrungen, im Bann einer gefährlichen ideologischen Besessenheit, führt zugleich zu einer Geringschätzung jedes Sachverstandes« (Künneth).

Manipulation braucht den unmündigen Massenmenschen. Die »Enteignung unseres Denkens« (Steinbuch) beginnt mit der Verschleierung von Tatsachen. Und mit dem Trick, an bereits Vorhandenes anzuknüpfen, indem man es heimlich umdeutet. Denn dies gehört auch zum Handwerkszeug erfolgreicher Manipulation:

Okkupation bereits besetzter Begriffe

Mit zynischer Arroganz benutzt die klassische Form der Manipulation bekannte Worte bzw. Begriffe, die beim Adressaten ganz bestimmte positive Assoziationen erwecken, und gibt ihnen – natürlich ohne den Schwindel aufzudecken – neue Inhalte.

Manipulation betreibt ihr Geschäft mit der Lüge. Dabei ist der Sprachbetrug der größte. »Es ist doch ein großes Unglück, dass Kommunismus und Nationalsozialismus wichtige menschliche Grundwerte wie Glaube und Treue umfunktioniert und in ihren Dienst gestellt haben« (W. Kraus). Heute sind es Urworte der Bibel wie Frieden und Segen, die »wie menschliche Märtyrer misshandelt werden« (Kurt Hennig). Es sind gerade biblische Begriffe, die durch ideologisch-politische Inhaltsbestimmungen ihres wahren Aussagekerns beraubt werden. Dieser Betrug durch Änderung der Wortbedeutung wird in der manipulativen Agitation bewusst so gehandhabt. Denn durch vertraute Begriffe verschafft man sich schneller Zugang zu seinen »Opfern«.

Im Blick auf manche Zeiterscheinung hat Solschenizyn dann wohl Recht: »Jeder, der die Gewalt zu seiner Methode gemacht hat, muss zwangsläufig die Lüge zu seinem Prinzip erwählen.«

Dann heißt es nicht mehr »Abtreibung«, sondern »Schwangerschaftsunterbrechung«. Euthanasie wird klangvoll als »Sterbehilfe« angeboten. Damit bloß keiner auf den Gedanken käme, hier handele es sich um Unmenschlichkeiten. Dem Befürworter klebt man das Etikett »fortschrittlich« auf, während der Kritiker sich in die Ecke der ewig-gestrigen Spießbürger gestellt sieht. Und wer will dort schon gern stehen?

Erzeugung von Konformität und Uniformität

Genau das gehört auch zur Materialsammlung manipulativer Methoden. Das hehre Wir-Gefühl, und sei es die Gemeinschaft der X-Mobilfunknetz-Nutzer und der Y-Versicherten, erlaubt keinen Widerspruch. Die ideologiegeladene Emotionswolke regnete in den dreißiger Jahren des letzten Jahrhunderts über Deutschland ab, und die

Manipulationssaat ging auf. Lauter kleine Adolfs, uniform in der Kleidung und konform im Denken. Und heute ...

Der emotionalisierte Massenmensch, den die Manipulation ja zur Erreichung ihres Zieles braucht, ist längst keine Persönlichkeit mehr. An seine Stelle ist der *Typ* getreten. Der Mensch, das Original Gottes, ist zu einem erbärmlichen Abziehbild ideologischer Rattenfänger geworden. Kollektivismus – auch und gerade der der Meinungen – demontiert Individualität und produziert den Massenmenschen.

Hierbei können besonders die Massenmedien ein gefährliches Machtinstrument bilden. »Das Opium des Volkes sind heute die Massenmedien« (Muggeridge). So haben abends Millionen dieselbe Welt im Wohnzimmer. Es entsteht eine Solidargemeinschaft der Gleichgeschalteten, die oft kaum mehr in der Lage ist, konsumierte Informationen sachgerecht zu verarbeiten oder gegebenenfalls als Manipulation zu entlarven.

So entsteht aus dem Wir-Gefühl der Man-Stil, aus gleichgeschaltet wird gleichgesinnt. Lebensformen werden suggeriert und kollektiv in die Tat umgesetzt. *Man* tut eben dieses oder jenes. Und das, um nur nicht aus dem Rahmen zu fallen. Die Uniformität der Textilmode hat sich längst zur Konformität des Lebensstils entwickelt. Außenseiter ist, wer nicht mitmacht. Er wird entweder »überzeugt« oder ausgestoßen.

Dies hat zu einer totalen Nivellierung, ja oft Umkehrung der Wertmaßstäbe geführt. Unnormal ist der Junge, der mit 16 noch nichts mit einem Mädchen hatte; der mit seinen Eltern in den Urlaub fährt oder gar auf eine christliche Freizeit. Vorgestrig sind die, die sich noch trauen lassen oder ihr nicht geplantes Kind austragen. Spießbürgerlich die, die staatliche Ordnung und christliche Werte respektieren. Die Gemeinschaft der Gesetzlosen schwingt das Zepter. »Cosi fan tutte« – so machen's ja alle. »Si libet licet« – wenn's Spaß macht, ist's erlaubt.

Wer nicht mitmacht, wird als Spielverderber disqualifiziert. Denn zimperlich ist die Manipulation nicht.

Schlacht mit Schlagworten

Werbesprache ist reine Schlagwortsprache. Eingängige Slogans benebeln die kritischen Sinne und richten ihren Sonnenstrahl zielgerade auf das gepriesene Produkt. Keine Firma ohne Motto und Corporate identity, keine Ware ohne Spot.

Schlagworte verkürzen und emotionalisieren. Sie verhindern Kritik und bestechen durch scheinbare Logik. »Frieden schaffen ohne Waffen« – wer wagt da noch zu widersprechen?! »Lieber rot als tot« als Parole der Gedankenlosen. Vor 60 Jahren sagte man: »Lieber das braune Nazihemd als das weiße Totenhemd.« Die Farben wechseln, die Manipulationsstrategie bleibt. Nur eines stimmt: »Die Menschenwelt lässt sich mit Schlagworten nicht regieren« (Golo Mann).

Schlagworte verletzen – die Wahrheit und den Gegner. »Mein Bauch gehört mir« – das ist die Parole einer der menschenverachtendsten Kampagnen der Nachkriegszeit. Das klingt so einleuchtend, logisch und verständlich. Das klingt so gut, dass man schnell vergisst, hinter die Kulissen zu blicken und die wahre Tragweite dieses Schlagwortes auszuloten. Denn Freiheit und Bequemlichkeit des einen bedeutet hier Tod für den anderen. Tod für eine geschöpflich begabte, jedoch nicht mitbestimmungsfähige Persönlichkeit. Vor Jahren wurde man für solche Thesen als rückständig und fortschrittsfeindlich beschimpft. Heute gibt es ein jähes Erschrecken selbst bei engagierten Abtreibungsbefürwortern. Die Frage nach dem Beginn menschlichen Lebens wird durch die moderne Gentechnik, die Embryonenforschung und die Präimplantations-Diagnostik (PID) nämlich ganz neu gestellt. Die emotionsgeladene Schlacht mit Schlagworten ist bei der nüchternen Erkenntnis angelangt, dass man damals zu kurz gedacht und zu weit gehandelt hat.

Wer ein ungeborenes Kind bis zum dritten Monat zur Disposition stellt, kann sich in letzter Konsequenz nicht gegen moderne Methoden der Gentechnik wehren, die Menschen nach Maß und Geburten nach Wahl ermöglicht und damit, zu Ende gedacht, behindertes Leben disqualifiziert. Es war also gut, dass es wache Christen und hellsichtige Wissenschaftler gab, die nie abgelassen haben, davor zu warnen, dass mit dem einmaligen Eingriff in Gottes Schöpfungshandeln durch den § 218 eine abschüssige Bahn betreten würde. Der »Inhalt« meines Bauches gehört eben nicht mir!

So ist es eben mit Schlagworten! Emanzipatorische Freiheit geht über Leichen. Wer sich auflehnt, ist ein patriarchalischer Spießer. Schlagworte vertragen keine Kritik. Sie erschlagen den Gegner oder manipulieren ihn zum Mitläufer dieses Schlägertrupps. Und dazu kann man sehr schnell werden, gehört doch zur Methode geschickter Manipulationsstrategie auch das Spiel mit falschen Tatsachen.

Angabe falscher Autoritäten

In arroganter Anmaßung okkupiert man besonders verstorbene Autoritäten. Tote können sich nicht wehren. Zitate werden aus dem Zusammenhang gerissen, Anschauungen notfalls uminterpretiert oder nach eigenem Gutdünken manipuliert.

So konnte Julius Streicher, der Herausgeber des NS-Hetzblattes »Der Stürmer«, bei den Nürnberger Kriegsverbrecherprozessen sagen: »Hier stehe nicht ich, hier steht Luther.« Mit Luthers Autorität meinte Streicher, seine Schuld nivellieren und die Wahrheit manipulieren zu können. Obwohl der Reformator nie den Juden als Person, sondern das Juden*tum* als Gesetzes- und Verdienstreligion angegriffen hat. Luther argumentierte nicht rassistisch, sondern theologisch. Ein »Judenchrist« war für ihn bekanntlich kein bekehrter Jude, sondern ein nicht evangeliumsgemäß lebender Christ.

Die Manipulationsstrategen benutzen ihre falschen Autoritäten nach dem Muster der »besetzten Begriffe«; sie wollen ihrem Vorhaben einen positiven Anstrich verleihen. Bestimmte Assoziationen weckend will man sein Opfer umgarnen und gewinnen. In der Werbung ist es die Schauspielerin X, die sich mit Y-Seife wäscht. In der Gesinnungsmanipulation geht es um Lebens- und Denkformen, die mit bekannten und beliebten Namen in Verbindung gebracht werden. Ja, wenn der auch so denkt ...

Klaus Rainer Röhl war in den 50er-Jahren mit der späteren Terroristin Ulrike Meinhof verheiratet. Vor einigen Jahren verriet er in einem Zeitungsartikel, mit welch geschickt gesteuerter Strategie der Gesinnungsterror der Anarchistenszene begann. »Wir brauchten für unsere Ideen ein paar Autoritäten, die Vertrauen erweckten und uns Glaubwürdigkeit und Seriosität verliehen. Wir suchten sie bei Wissenschaftlern, Politikern und Kirchenleuten ...«

Was hat man in den letzten Jahren nicht alles aus Luther, Bonhoeffer und Barth gemacht, ja selbst aus der Bergpredigt! Auf dem Jahrmarkt der Ideen ist nichts unmöglich. »Die Autorität der Bibel degradiert zu einer Materialsammlung zur christlichen Tarnung unserer Ideologie« (Künneth).

Diese Tricks sind eigentlich nur deshalb manipulatives Handwerkszeug, weil die Offenlegung der wahren Absichten abschreckende Wirkung hätte.

Verschleierung wahrer Ziele

Um gewinnen zu können, braucht der Manipulator diese Taktik. Das ist die klassische Arbeitsmethode der Ideologie. Nur so kann man seine Anhänger in den Bann ziehen. Das Gaukelspiel der Verblendung ist die Umgarnung der Ahnungslosen.

So ist es dem Marxismus im Zuge seines »Marsches durch die Institutionen« gelungen, unter Verschweigen des Fernzieles für Nahziele Autoritäten zu gewinnen. »Man hat oftmals liberal eingestellte Leute in Schulen und Universitäten so manipuliert, dass sie in Verkennung der wahren Sachlage zugunsten der kommunistischen Zielsetzung einzuspannen waren« (Prof. Volkmann). »Das haben wir ja nicht gewusst ...« ist die stereotype Entschuldigungsformel der Kriegsgeneration. Als hätte man »Mein Kampf« nicht lesen können. Übrigens sollte man heute sehr intensiv die marxistischen oder islamischen Klassiker lesen.

Noch heute spukt es in manchen Köpfen der älteren Generation, dass wir Hitler den Bau der Autobahnen und die Lösung des Arbeitsmarktproblems der 30er-Jahre zu verdanken hätten. Dies war eines dieser ideologischen

Nahziele, die durch offenkundigen sozialen Erfolg vo eigentlichen Fernziel ablenken und die Menschen zur weiteren Gesinnungsmanipulation vorbereiten sollten. Denn was war das Ziel Hitlers? Auf den Autobahnen rollten später Panzer in die Nachbarländer und Massentransporte in die KZs. Mit der gewaltigen Goebbelschen Propagandamaschinerie gelang Hitler Unglaubliches. Die Macht der Manipulation feierte Triumphe. Seinen pazifistischen Propagandaerfolg nach dem »friedlichen« Anschluss Österreichs und des Sudetenlandes (1938) beschrieb Hitler so: »Wir haben tatsächlich dieses Mal mit der Propaganda im Dienste einer Idee 10 Millionen Menschen mit über 100 000 Quadratkilometer Land bekommen. Das ist etwas Gewaltiges.«

Selbst Kirchenleute rühmten, Hitler lese das Neue Testament und die Herrnhuter Losungen. Schließlich sei er ja sogar Pazifist, habe er doch das »goldene Zeitalter des Friedens« angekündigt und jede Aufrüstung abgelehnt. Wenn sich heutige Pazifisten auf Friedensworte aggressiver Islamisten oder nahöstlicher Terroristen berufen, dann haben sie aus der Geschichte nichts gelernt. Die Verschleierung des wahren Zieles ist eine manipulative Glanzleistung.

Was bedeutet denn schon die Zielangabe »Frieden«? Ist das der Friede in Freiheit, in der Diktatur einer Klassengesellschaft, unter dem Koran, mit Gott ...? Es gehört zu den großen Erfolgen ideologischer Manipulations- und Desinformationsstrategien, ihren Friedensbegriff mit dem unsrigen zu identifizieren. Bewusst wird kalt kalkuliert, dass mit dem jeweiligen »Frieden« jener Kulturkreise in unserer Kultur natürlich der christlich geprägte Inhalt assoziiert wird. Doch das ist purer Etikettenschwindel. Eine bewusste Verschleierung wahrer Ziele, auf die unzählige Leichtgläubige bis heute hereinfallen.

...eint der russische Kommunist und mit ihm die ...he Ideologie mit Frieden (russ.: mir) ja keines-... Abwesenheit von Krieg und die Anwesenheit ...rreiheit, sondern den »Kampf für eine sozialistische Gesellschaft«.

Für den islamistischen Palästinenser ist zum Beispiel erst Frieden, wenn der Staat Israel ausgelöscht ist. Im Sommer 2001 schlugen christdemokratische Europapolitiker Alarm, weil mit überwiegend deutschen EU-Millionen Judenhetze in palästinensischen Schulbüchern finanziert wurde. Darin wird jungen Muslimen in der 4. Klasse als wichtigstes Friedens- und Lebensziel »der Märtyrertod im Kampf gegen Israel« vermittelt. Im Schulbuch »Unser Land Palästina« lesen die Kinder: »Es gibt keine Alternative zur Zerstörung Israels.«

Wen wundert es da noch, dass sich der Kreis dieser modernen Manipulationsstrategen mit denen der Hitler-Diktatur schließt: Die Judenverfolgung wird als »wünschenswert« bezeichnet.

Nur Verführte, Verblendete oder Verblödete unter den Christen können darauf hereinfallen, mit solchen Ideologen Friedens-Aktions-Bündnisse zu machen!

Das war nur ein kleiner Einblick in die raffinierte Requisitenkammer manipulativer Machtmethoden. Wer mit offenen Augen durch die Welt geht, wird diese Geheimstrategie in allen Lebensbereichen entlarven können.

Es ist unbestritten: Der moderne Mensch des 21. Jahrhunderts lebt unter der Macht der Manipulation. Durch »geheime Miterzieher« wird er beeinflusst und gesteuert. Er weiß das auch, ohne das Machtzentrum jedoch genau definieren zu können. Aber halt! Die richtige Diagnose ist Voraussetzung für eine erfolgreiche Therapie.

Machtzentrum Sünde

Die Macht der Manipulation hält den Menschen fest im Griff. Der Mensch lässt etwas mit sich machen – und er macht etwas mit Menschen. Das ist die Macht der öffentlichen Meinung genauso wie die Macht eines überfüllten Terminkalenders, des Dauernd-mithalten-Wollens, des übertriebenen Leistungs- und Gewinnstrebens, der Geltungssucht; die Macht von Hetze, Stress und Sorge.

Erst nur Spiel ...

Die Macht der Manipulation – das ist ja nicht nur jene offenkundige Steuerung wie das Ekel erregende, Seetang verdreckte transatlantische Kabel, das in der Geschichte zu Anfang dieses Buches Klaus gefangen hält. Das sind feine, goldene Ketten; dünne Fäden, die uns unmerklich umgarnen, immer stärker binden und uns schließlich die Luft zum freien Atmen rauben. Und wenn wir's merken, ist es meist zu spät.

Es geht uns wie den drei Jungen vor Borkums Küste. Erst spielen wir ein wenig und lassen mit uns spielen. Dann sitzen wir fest und können nicht mehr los. Dann wird es ernst. Denn Manipulation will letztlich Sucht erzeugen. Der Manipulator kann sich dann nämlich ruhig schlafen legen, weil er sein Ziel erreicht hat. Der manipulierte Mensch dreht sich dann selbstständig im Teufelskreis.

Erst ist es nur Spiel ... Ein Gläschen, um die Stimmung ein wenig zu heben. Dann zwei, drei. Und schließlich gehört man zu denen, die das sozialmedizinische Problem Nummer eins unseres Landes bilden. Man will ja kein Spielverderber sein. Labilität lässt sich doch mit Whisky gut überspielen, denn harte Männer trinken ihn ja bekanntlich. Erst war es nur Spiel – dann sitzt man fest; gekettet, gebunden, kaputt.

Erst ist es nur ein Blick ... Nach dem Motto: »Kann denn Liebe Sünde sein?« Dann erweist sich plötzlich die Bergpredigt von Jesus Christus als einzig realistisches Menschenbild. Da merkt man, dass Worte töten können und bereits Blicke die Ehe brechen. Erst war es nur Spiel, dann ist es bitterer Ernst. Und man steht vor dem Scherbenhaufen seiner Existenz und fragt sich: Wie konnte es nur soweit kommen?

Da rationalisiert die übertriebene Alltagshektik die stille, biblische Betrachtung am Morgen einfach weg. Der Dialog mit Gott im Gebet weicht der schrillen Aufforderung des Telefons, doch endlich den Hörer abzunehmen. Freizeit mit der Familie verkümmert zum Miniprogramm einer unwillkommenen Pflichtübung. Merken wir eigentlich gar nicht, wie sehr wir bereits bis in die tiefsten Sphären unseres Lebens unter der Macht der Manipulation stehen?!

Der besetzte Mensch

Es ist mir, als greife eine riesengroße Hand nach uns Menschen. Als hielte sie uns ständig im Würgegriff. Aus der Sicht des christlichen Glaubens ist der Mensch ein Besetzter. Er ist Mächten ausgeliefert, die über ihn verfügen und sein Leben bestimmen. Modern gesagt: die ihn manipulieren.

Mancher Leser mag darüber lachen: Wir leben doch nicht mehr im Mittelalter; Besessenheit ist doch eine religiöse Antiquität. Aber im Blick auf die Realität wird uns das Lachen im Hals stecken bleiben. Erleben wir es denn nicht tagtäglich, dass wir ganz handfest unter der Herrschaft manipulativer Mächte stehen – Mächte, die uns überfallen und von unserem Wesen Besitz ergreifen?! In dieser Erkenntnis hat Dostojewskij einem seiner tiefsinnigsten Romane den Titel »Dämonen« gegeben. Damit gibt er dem neutralen Begriff »Macht« einen Namen. *Den* Namen, den die Bibel ihm auch gibt. Denn das Machtzentrum der Manipulation ist die Sünde. So nennt es Gott in seinem Wort.

Auch das sollte man heute nicht so schnell lächelnd abtun nach dem Motto: »Ich habe doch noch niemanden umgebracht und noch keine silbernen Löffel geklaut.« Sünde, das besagt schon der Ursprung des deutschen Wortes, meint zunächst eine Grundbefindlichkeit. Von daher folgen erst die Taten als Konsequenzen. Sünde, das heißt: abgesondert sein von Gott.

Der Mensch hat sich von Gott emanzipiert. Loslösung von Gott aber ist Trennung vom Schöpfer und damit vom Leben schlechthin. Abgesondert von Gottes lebensschaffendem, -erhaltendem und -ordnendem Wort. Abgesondert von der Freiheit, denn Gott will und ist Freiheit.

Dies ist heute der Grundkonsens ernst zu nehmender Zeitgenossen: Die Ursache der weltweiten Misere liegt im Abfall des Menschen von Gott. So jedenfalls analysierte es der tschechische Präsident Vaclav Havel auf dem Weltkongress »Global 2000«. Damit entlarvt sich die Manipulation als Mittel dämonischer Beeinflussung. Denn ihr Ziel ist nicht der Aufbau, sondern die Zerstörung. Die göttliche Ordnung wird genauso demontiert wie Schöpfung und Mensch. Es ist doch wohl eine Binsenweisheit, dass es in unserer Welt ganz anders aussähe, wenn wir uns alle nach den Geboten Gottes richten würden! Warum führt uns das denn nicht zu dem logischen Rückschluss, dass unser persönliches Heil und das Wohl der Welt in einer neuen Hinwendung zu Gott liegen?!

Es ist ein tragischer Irrtum, Loslösung von der Autorität Gottes als Freiheit zu empfinden. In Wirklichkeit ist es der Eintausch der Freiheit gegen eine gnadenlose Bindung an sich selbst. »Autorität und Freiheit sind keineswegs Gegensätze, und einem Autoritätsverlust entspricht kein automatischer Freiheitsgewinn. Vielmehr leben wir bereits seit geraumer Zeit in einer Welt, in welcher dem fortschreitenden Autoritätsverlust eine ebenso evidente fortschreitende Freiheitsbedrohung entspricht« (Hannah Arendt).

Die Frage, von welcher Kraft der Mensch besetzt ist, gibt zugleich die Antwort auf Leben und Tod. »Der Mensch ist wie ein Lasttier: Wenn Gott darauf sitzt, will er und geht er, wie Gott will; wenn Satan darauf sitzt, will und geht er, wie Satan will. Von einem der beiden ist er immer besessen« (Luther). Diese realistische Sicht der Reformation, begründet im Menschen- und Weltbild der Bibel, zwingt uns zur Entscheidung. Wenn wir uns als in den dämonischen Fesseln der Manipulation gebunden erkennen, liegt unsere Freiheit nur in einer Rückkehr zu Gott. »Gott kennen heißt Leben« (Tolstoi). Und dieses Leben ist ein Leben in Freiheit.

Wir spüren, dass es einfach nicht so weitergehen kann. Dass unsere Lebensfahrt in einer Sackgasse enden könnte. Es wird Zeit, eine Entscheidung zu treffen: weiterfahren oder umkehren. Umkehren aber bedeutet ja das Eingeständnis eines Fehlers, einer Schwäche. Man will doch nicht kapitulieren! So ergreift man die Flucht, um die quälenden Lebensfragen rauschhaft zu überspielen. Nichts, was die Spaßgesellschaft nicht bieten könnte.

Auch davon lebt eine ganze Manipulationsindustrie. Da werden Wochenende und Urlaub zu regelrechten Schlachtfeldern. Da werden Stress und Hektik gleichzeitig verflucht und gesucht. Und das, um nur keine Pause auftreten zu lassen. Die Zeit wird verbraucht, damit sie nicht mehr quält. Alleinsein könnte zum Nachdenken führen, zur Demaskierung unseres gespielten Glücks. Da brechen Fragen auf, denen man sich durch Flucht entziehen will. Ein elender Teufelskreis, der sich bei genauer Betrachtung wieder als dämonische Manipulationsmacht entlarvt.

»Der Mensch ist krank, wenn er nicht mehr allein auf seinem Zimmer sein kann« (Pascal). Die Ruhe des Alleinseins wird mit der Pseudogeborgenheit in der Masse getauscht. Sünde will den Menschen nie zu sich selbst kommen lassen. Denn Nachdenken könnte ja zur Selbstbesinnung und zur Umkehr führen.

Weitermachen oder umkehren? Das scheint zur zentralen Lebensfrage geworden zu sein. Ja, es geht uns so wie den drei Jungen am transatlantischen Kabel vor Borkums Küste ...

Befreit zum Leben

... Klaus sitzt in der Kette fest. Und die Flut steigt und steigt. Bald reicht den drei Jungen das Wasser schon bis an die Kniekehlen. Jetzt wird jede Minute, ja jede Sekunde kostbar. Aber die Kette hält Klaus fest im Griff. Es geht jetzt um Leben oder Tod.

Nun wird alles auf eine Karte gesetzt: so schnell wie möglich an Land und Hilfe holen. Einer der Borkumer Strandwärter ist es, der am Sonntagabend gegen die Flut ankämpft. Dirk und Jürgen haben ihm die Stelle genau beschrieben, wo Klaus in der Kette festsitzt.

»Gott sei Dank!«, stöhnt Klaus, als er den Mann kommen sieht. Jetzt geht es um Minuten, dass die Wogen nicht über ihm hinwegschlagen. Mit einem Ruck befreit der Strandwärter Klaus. Aber der Junge bekommt einen Krampf. »Ich kann nicht mehr schwimmen!«, brüllt er gegen den Wind.

Der kräftige Mann nimmt Klaus auf seine Schultern und kämpft sich gegen das Wasser zurück ans Ufer. Die Flut, die Priele, die Strömung, der Wind ... Die Kräfte lassen schnell nach. Es wird ein harter Kampf.

Als Klaus im Krankenhaus aufwacht, steht fest: Gerettet! Aber der Retter? Den Strandwärter konnten die Helfer, die mit einem Boot nachgekommen waren, nur noch tot bergen. Die Wellen und die Nacht waren über ihm zusammengeschlagen.

Aus einem harmlosen Spiel am transatlantischen Kabel war bitterster Ernst geworden ...

Die Freiheit des Evangeliums

Genauso und nicht anders wird der Macht der Manipulation ein Ende gesetzt. Das ist die Freiheit des Evangeliums. So geschieht Befreiung – Befreiung aus den Ketten der Sünde, aus den Fesseln der Macht, aus dem Würgegriff der Dämonie.

Frei durch Opfer

Der Weg zur Freiheit geht immer durch das Opfer – Gottes Opfer. Freiheit kann ich nicht selbst produzieren. Hier hat jede Selbstverwirklichung ihre Grenzen. Es ist zwecklos, Freiheit durch eigene Anstrengungen und eigene Opfer erreichen zu wollen.

Auch Luther musste das erfahren. Mit der Zielangabe »Freiheit« wurde er Mönch. Wahre Freiheit schien damals dem verheißen, der hoch gesteckte religiöse Bedingungen erfüllte. Luther nahm dafür die heute kaum mehr vorstellbare Härte des Klosterlebens auf sich. Freiheit durch Selbstopfer, das war die Parole. Doch das erwünschte Ziel erreichte er nicht. Je vorbildlicher er sein wollte, desto mehr quälte ihn das eigene Versagen. Luther bekennt in seinem bekannten Lied »Nun freut euch, lieben Christen gmein«: »Die Angst mich zu verzweifeln trieb, dass nichts denn Sterben bei mir blieb, zur Hölle musst ich sinken.« Das war Luthers Entdeckung: Der Mensch kann sich nicht selbst verwirklichen und sich nicht selbst befreien. Aus eigener Kraft und heroischen Anstrengungen gibt es keine Freiheit.

Alle Selbstbefreiungsversuche halten den Menschen dennoch im dämonischen Machtbereich fest. Die manipulative und das Leben motivierende Kraft der Sünde hält einen fest im Griff. Die Fesseln der Schuld halten auch dem stärksten Willen zur Befreiung stand. »Die Sünd' hatt' mich besessen«, singt Luther. Und von dieser dämonischen Besessenheit, wie sie auch Dostojewskij beschrieben hat, kann man sich nicht selbst befreien. Statt in der erhofften Freiheit fand sich Martin Luther als Gefangener von Schuld, Zweifel und Verzweiflung wieder.

Luther wurde erst in *der* Stunde zum Reformator, als er frei wurde. Und Freiheit bekam er da, als er für sich selbst und sein eigenes, verzweifeltes und schuldgebundenes Leben das Wort von Jesus Christus begriff: »Wenn euch nun der Sohn frei macht, so seid ihr wirklich frei« (Johannes 8,36).

Der Weg zur Freiheit geht immer durch das Opfer. Die Bibel sagt uns: »Der Herr ist der Geist; wo aber der Geist des Herrn ist, da ist Freiheit« (2. Korinther 3,17). Der Herr ist Jesus Christus. Und Jesus Christus heißt Opfer. Das Opfer Gottes zur Befreiung des Menschen.

Das ist die Freiheit, die die Macht der Manipulation vom Thron stürzt. *Das* ist die Freiheit, die die Ketten der Sünde sprengt und den dämonischen Teufelskreis der Verlorenheit beendet. Wie es in einem Kirchenlied heißt: »Jesus ist kommen, nun springen die Bande; Stricke des Todes, die reißen entzwei!«

Das heißt Evangelium, Frohe Botschaft: Freiheit ist ein Geschenk. Freiheit gibt es gratis. Freiheit ist Gnade. Aber dennoch hat diese Freiheit ihren Preis: den Opfertod von Jesus Christus auf Golgatha. Die Bibel gibt uns keine ethischen Verhaltensmaßregeln, wie wir durch Eigenanstrengung und Selbstverwirklichung zur wahren Freiheit kommen könnten. Sie nagelt uns auch nicht auf bloße dogmatische Glaubenssätze fest. Nein! Das Wort Gottes ist Evangelium. Keine Drohbotschaft, sondern Frohbotschaft.

Gott weiß, dass wir uns selbst nicht befreien können, dass uns die Macht der dämonischen Manipulation geketet hat wie das transatlantische Kabel unseren Klaus vor Borkums Küste. Da sind alle Selbstrettungsversuche zum Scheitern verurteilt. Da helfen auch keine Appelle und Ratschläge. Da hilft nur eins: Rettung muss kommen. Hilfe, die ich mir selbst nicht geben kann. Sie muss von außen kommen. Resignation kann nur von außen aufgebrochen werden. Leid kann nur von außen her überwunden werden, indem man Trost erfährt. Und wahrer Trost ist mehr als mitmenschliches Schulterklopfen und verzweifelte Selbstberuhigungsversuche. Die Gegenwart Gottes im Leid, das Hereintreten des lebendigen Gottes in meine ausweglose Situation, das ist wahrer Trost. Und das hat nun mit Jenseitsvertröstung nicht das Geringste zu tun! Gott *ver*tröstet nicht *aufs* Jenseits, er tröstet *aus* dem Jenseits. Wohl dem, der diesen Tröster hat!

Sich selbst befreien zu wollen, das ist der lächerliche Stolz eines Versinkenden, sich am eigenen Schopf aus dem Sumpf herauszuziehen. Genau darin liegt ja der Kardinalunterschied des Evangeliums zu den menschengemachten Religionen und den menschengedachten Philosophien und Ideologien. Sie sprechen von der Selbstbefreiung. Sie reden vom Betreten der Tugendpfade, von Selbstopfern, Leitern zum Glück und vom Kampf um die Freiheit. Große Worte, die auf den Geketteten so wirken wie das Angebot eines Schwimmkurses für einen Ertrinkenden.

Das ist das Geheimnis des Evangeliums: Gott bringt für meine Freiheit sein Opfer. Der lebendige Gott sieht unsere verzweifelte Situation. Er sieht, wie wir uns im dämonischen Teufelskreis der Sünde verstrickt haben; wie wir am Gängelband der Manipulation sind und nicht loskommen. Gott sieht unsere Selbstbefreiungsversuche, die ebenso verzweifelt wie erfolglos sind. Und er schickt den Retter. Er schickt seinen Sohn Jesus Christus.

Und dieser Retter muss für seine Hilfsaktion sein Leben lassen. Er stirbt, damit ich leben kann. Er wird gefesselt und gekettet, damit ich frei werde.

Luther singt:

»Da jammert' Gott in Ewigkeit
mein Elend übermaßen;
er dacht' an sein Barmherzigkeit,
er wollt' mir helfen lassen.
Er wandt' zu mir sein Vaterherz,
es war bei ihm fürwahr kein Scherz,
sein Bestes ließ er's kosten.«

Freiheit des Evangeliums heißt: Gott lässt sich unsere Freiheit etwas kosten; ja nicht nur etwas, sondern alles: das Leben seines einzigen Sohnes Jesus Christus. Das Kreuz von Jesus ist der Preis für unsere Freiheit. »Denn also hat Gott die Welt geliebt, dass er seinen eingeborenen Sohn gab, damit alle, die an ihn glauben, nicht verloren werden, sondern das ewige Leben haben« (Johannes 3,16).

Gott lässt sich schlagen, Hammerschlag um Hammerschlag, Nagel um Nagel. Er erspart sich nichts, denn Freiheit kostet Opfer. Und das bringt Gott selbst. Gerecht und gnädig zugleich. Gott macht keine großen Worte. Er macht nur eine große Tat. Wo andere von Frieden und Freiheit reden, da steht bei Gott die Tat. Und die hat sich auf dem Hügel Golgatha vor den Toren Jerusalems ereignet. Da verblutet sein Sohn unter entsetzlichen Qualen, damit ich leben kann und frei werde.

Gott tut das, obwohl er weiß, dass es durch die Geschichte hindurch bis in unsere Zeit Menschen geben wird, die darüber lachen, die lieber in ihrem eigenen Elend zugrunde gehen als das Elend von Golgatha zu ihrer Rettung anzunehmen. Gott ist meine Freiheit so viel wert, dass er alles einsetzt. Während er mir alles erspart, erspart er sich selbst nichts. Das ist die Freiheit des Evangeliums.

Ich bin Gott mehr wert als Gold oder Silber. Mehr als gute Worte und wohlgesetzte Ideale. Ich bin Gott das Leben seines Sohnes wert. Das Kreuz von Golgatha hat alles in den Schatten gestellt, was vorher und nachher über Freiheit gedacht, geredet und getan wurde. All die Parolenschreier, die oft nur ihre persönliche Friedlosigkeit dadurch kompensieren, dass sie für den Frieden der Welt auf die Straße gehen, all die Freiheitskämpfer, die mit selbst gemachten Revolutionen das erreichen wollen, was nur Gott kann, sie alle müssen sich sagen lassen: Freiheit und Frieden am Kreuz vorbei gibt es nicht. Wer auf den Tod von Christus verzichten will, der verzichtet auf das Leben.

Der Schrei nach Freiheit wurde für Martin Luther erst in der Begegnung mit Jesus Christus beantwortet. Erst durch die Absage an alle Selbstbefreiungsversuche und die Annahme der Zusage Gottes kam Freiheit in sein Leben. Luther schreibt in seiner Auslegung zum Galaterbrief: »Den Namen des Herrn wirst du aber nirgends leuchtender erblicken als in Christus. Da wirst du sehen, wie gut Gott ist, wie freundlich, treu, wie gerecht und wahrhaftig; hat er doch seines eigenen Sohnes nicht verschont. Er wird dich durch Christus zu sich ziehen.«

Jesus Christus kommt zur Rettung des verlorenen Menschen. Er kommt zur Befreiung des Gebundenen. Und die Rettung kostet ihn das Leben. Das Ergebnis dieser Rettung proklamiert die Bibel in einem einzigen Satz: »Wen der Sohn frei macht, der ist wirklich frei.« Der bedarf keiner Manipulation mehr, weil sein Leben jetzt von Gott her programmiert ist. Der darf sich frei *fühlen*, weil er frei *ist*. Die Freiheit des Evangeliums hat der Manipulation der Sünde die Macht genommen.

Der Freiheit begegnen

»Alles Wesentliche im Leben ist Begegnung«, meint der jüdische Philosoph Martin Buber. Entscheidend ist, Jesus Christus begegnet zu sein. Denn der Sohn Gottes ist die Freiheit in Person. Gott schickt uns kein Prinzip. Er schickt uns den, der von sich sagen kann: »Ich bin die Wahrheit« (Johannes 14,6). Dieser persongewordenen Wahrheit gilt es zu begegnen, denn »die Wahrheit wird euch frei machen« (Johannes 8,32).

Lesen wir das Neue Testament. Wer Jesus begegnete, erfuhr die Wahrheit über Gott und die Wahrheit über sein Leben. Und wo die Begegnung zur bleibenden Gemeinschaft wurde, da geschah Freiheit. Menschen wurden frei von seelischer und auch körperlicher Krankheit. Frei von Geldgier und Hochmut, von Betrug und Selbstgefälligkeit. Frei von dämonischen Bindungen und der teuflischen Manipulationsmacht der Sünde. Denn »wahrhaftiger Friede des Gewissens kann nicht sein, wo Sünde ist« (Luther).

Menschen, die die Manipulationsmacht der Sünde zielgerade in den Abgrund steuerte, wurden durch die Begegnung mit Jesus Christus frei. Sie atmeten auf, weil die Ketten der Schuld durchbrochen waren. Sie wurden froh, weil der tödliche Teufelskreis der Sünde ein Ende fand. »Die Gottlosen gehen im Kreis« (Augustin). Eugene Ionesco, der in Paris lebende rumänische Dramatiker, beschreibt den Menschen als einen, der im Kreis geht, weil er den Blick nicht mehr zum Himmel, zu Gott erheben kann. Die Begegnung mit Jesus Christus macht unseren Blick frei. Denn durch das Kreuz ist das Trennende zwischen Gott und Mensch – die Sünde – beseitigt.

In der Begegnung mit Jesus Christus wird die Ursehnsucht des Menschen gestillt. In ihm haben wir Frieden und Freiheit. In ihm haben wir einen Herrn, der nicht knechtet, sondern befreit. »Es gibt keine schlimmere Sklaverei als die, wo man keinen Herrn hat. Denn dann ist man der Sklave seiner eigenen Sucht, seines eigenen Ich. Der sündige Mensch ist der Mensch, der nur sich selbst als Herrn anerkennt« (E. Brunner).

Im Tiefsten sucht jeder nach Freiheit. Suchen heißt: sich auf den Weg machen. Wer aber der Freiheit wirklich begegnen will, der muss den richtigen Weg gehen. Der Weg mit der Zielangabe »Freiheit« ist immer der Weg der Nachfolge von Jesus Christus. Denn er ist Weg, Wahrheit und Leben.

Begegnung mit Christus führt zum Glauben. Glaube aber heißt Umkehr, Rückkehr auf den Weg Gottes, Neuorientierung. So kann die Geschichte vom Verlorenen Sohn (Lukas 15) auch noch im 21. Jahrhundert Wahrheit werden: Der Weg des Glaubens, der Weg zum Vaterhaus Gottes ist der Weg zur Freiheit, zum Glück, zur Geborgenheit, zur Vergebung und damit der Weg zur Freude.

Der heutige manipulierte Mensch lebt in der Heimatlosigkeit dieser Welt. Er sehnt sich nach der Begegnung mit

Gott. Einer der erfolgreichsten deutschen Schlagersänger, Peter Maffay, schreit es ja förmlich: »Lieber Gott, wenn es dich gibt, dann komm in meine Einsamkeit!« Wir wissen, dass wir unsere Lebenssubstanz längst verbraucht haben. Und so führt uns Jesus Christus aus der Friedlosigkeit in das Geborgensein des Zuhauses. Dort wartet Gott auf uns. Sei bereit, deinem Gott zu begegnen! Denn wo Gott ist, da ist Freiheit.

Wahre Freiheit ist letztlich die Befreiung von den tiefsten Bindungen des Menschen: Sünde und Todesangst. Und zugleich auch die Befreiung von den dauernden Eigenleistungen zur Selbstrechtfertigung. »Christliche Freiheit ist die Freiheit des Gewissens, durch die das Gewissen von Werken frei wird; nicht so, dass keine geschehen, sondern dass es sich auf keine verlässt. Denn das Gewissen ist nicht eine Kraft, die da wirkt, sondern eine Kraft, die über die Werke urteilt« (Luther).

Die Freiheit des Evangeliums ist keine machbare Eigenproduktion des Menschen, sondern ein geschenktes Resultat aus der Begegnung mit Jesus Christus. Das gläubige Ja zu Christus macht frei und gerecht. Das ist zugleich eine Absage an jede Werkgerechtigkeit. Paulus schreibt: »So halten wir nun dafür, dass der Mensch gerecht wird ohne des Gesetzes Werke, allein durch den Glauben« (Römer 3,28).

Erst die Einsicht, ganz und gar auf Gott angewiesen zu sein, macht wirklich frei. Wer Emanzipation von der Autorität Gottes und politische Parolenschreierei mit Freiheit verwechselt, bleibt ewig ein Knecht seiner selbst und seiner nie zu verwirklichenden Ideale.

Arm ist immer der, der an der falschen Stelle sucht. »Ein Spießbürger ist, wer ein absolutes Verhältnis zu relativen Dingen hat« (Sören Kierkegaard). Erbärmlich ist jedoch, wer sich auf seiner Freiheitssuche in der Adresse geirrt hat! Nur wenn der freiheitssuchende Mensch dem menschensuchenden Gott begegnet, beginnt Freiheit. Und über allen Aktionen und Diskussionen zu unserem Thema sollte man den nicht vergessen, der mitten im Martyrium die Gelassenheit eines befreiten Christen bezeugt. Dietrich Bonhoeffer schreibt aus der Todeszelle: »Nicht nur die Tat, sondern auch das Leiden ist ein Weg zur Freiheit. Die Befreiung liegt im Leiden darin, dass man seine Sache ganz aus den eigenen Händen geben und in die Hände Gottes legen darf. In diesem Sinne ist der Tod die Krönung der menschlichen Freiheit.«

Freiheit und Verantwortung

Die im Glauben an Jesus Christus erworbene Freiheit ist kein Selbstzweck. Rechtfertigung und Heiligung gehören nach biblischer und reformatorischer Sicht zusammen wie die zwei Seiten einer Münze. Freiheit will in Verantwortung vor Gott und im Dienst am Nächsten gelebt werden. »Verantwortung und Freiheit sind einander korrespondierende Begriffe. Verantwortung setzt sachlich – nicht zeitlich – Freiheit voraus, weil Freiheit nur in Verantwortung bestehen kann. Verantwortung ist die in der Bindung an Gott und den Nächsten allein gegebene Freiheit der Menschen« (Bonhoeffer).

Aufbruch in die Freiheit ist die Parole der Zeit der Reformation. Die Frage nach der persönlichen Freiheit des Menschen stand für Luther ganz oben auf der Tagesordnung. Im Jahr 1520 verfasste er seine epochale Schrift »Von der Freiheit eines Christenmenschen«. Damit wollte Luther – mutig und kompromisslos, weil durch das

Evangelium frei geworden! – den damaligen Papst Leo X. von der Richtigkeit seiner biblischen Theologie überzeugen. Diese Schrift enthalte, so das Vorwort Luthers, »die ganze Summe eines christlichen Lebens«. Die Sätze, die seit über 450 Jahren reformatorisches Haupterbe sind, stehen gleich am Anfang: »Damit wir von Grund aus erkennen mögen, was ein Christenmensch ist und wie es mit der Freiheit bestellt ist, die ihm Christus erworben und gegeben hat, will ich folgende zwei Sätze aufstellen: Ein Christenmensch ist ein freier Herr über alle Dinge und niemand untertan. Ein Christenmensch ist ein dienstbarer Knecht aller Dinge und jedermann untertan.«

Diese Aussage Luthers ist sicherlich die gelungenste Wiedergabe des biblischen Freiheitsverständnisses, wie es der Apostel Paulus in seinen Briefen entwickelt hat. Es ist eine Freiheit, die zur Voraussetzung die Beziehung zwischen Gott und Mensch hat. Dabei steht der Mensch jederzeit in Abhängigkeit und Verantwortung vor Gott (coram Deo). Mit Haut und Haar ist er auf Gott angewiesen. Eigene Werke und Leistungen gelten zum Heil nichts. Davon ist der Christ frei. Wie Luther es sagt: »Mit unsrer Macht ist nichts getan, wir sind gar bald verloren; es streit für uns der rechte Mann, den Gott hat selbst erkoren. Fragst du, wer der ist? Er heißt Jesus Christ, der Herr Zebaoth, und ist kein andrer Gott. Das Feld muss er behalten.«

Freiheit gibt es nur in der Bindung an Gott. Verantwortung heißt: auf Gottes Wort hören und auf Gottes Willen gehorsam antworten. »Die Christus recht verstehen, die wird keine Menschensatzung gefangen nehmen können, sie sind frei, nicht nach dem Fleisch, sondern nach dem Gewissen« (Luther). Damit proklamiert die Reformation etwas geradezu Ungeheuerliches: Die entscheidende, lebensbestimmende Macht ist das an Gottes Wort gebundene Gewissen.

Freiheit bedeutet dann nicht Libertinismus, wo sich jeder seine Maßstäbe nach eigenem Gutdünken setzt. Und Gewissen ist keine individuelle Wertsetzung oder gefühlsmäßige Einbildung. Es ist ja geradezu haarsträubend, für welche egoistischen Wünsche heute das Gewissen herhalten muss! Selbst Hermann Göring propagierte im Dritten Reich: »Unser oberster Richter ist das Gewissen.« Hier – wie übrigens auch im Missbrauch des Begriffes »Widerstand« zum Beispiel im Blick auf die Rüstungsdebatte! – zeigt sich jene brutale Manipulationsstrategie der Begriffsumwertung, die wir oben bereits besprochen haben.

Gewissen ist keine anerzogene Größe (wie die Soziologen behaupten) und auch nicht die »innere Wahrnehmung von der Verwerfung bestimmter in uns bestehender Wunschregungen« (tiefenpsychologische Theorie Siegmund Freuds). Gewissen ist auch nicht der »Gott in mir« (metaphysische Theorie) oder das von der Situationsethik apostrophierte Maß der mitmenschlichen Liebe. Das Neue Testament beschreibt das Gewissen als Mitwisserschaft. Zur Persönlichkeit und geschöpflichen Originalität des Menschen gehört, dass Gott ihn durch die Bekanntgabe der Gebote zum Mitwisser seines (Gottes) Willens macht.

Hier geht es also um den objektiv in der Bibel ablesbaren und auch seelsorgerlich erfahrbaren Willen Gottes und nicht um persönliche Einbildungen. Als Unterschied des Menschen zum Tier analysiert der Biologe Joachim Illies: »Das Gewissen ist die Fähigkeit des Menschen, sich schuldig zu fühlen.«

So wie bei Christus Freiheit und Dienst vereint sind, soll sich auch die Freiheit bei Christen im Dienen und in der Verantwortung vollenden. Wie zu staatsbürgerlichen Rechten auch die Pflichten gehören, so stehen Freiheit und Dienst untrennbar zusammen. Dieses Verhältnis heute nachdrücklich zu betonen, ist bitter nötig. Denn genauso wie Freiheit heute (auch unter Christen!) mit Bindungslosigkeit und Autonomie verwechselt wird, so werden Verantwortung und Dienst als Unfreiheit und Knechtung missverstanden. Aber dienstbare Verantwortung ist keineswegs das Gegenteil von Freiheit. Wer »ein freier Herr über alle Dinge« sein will, muss zugleich »ein dienstbarer Knecht aller Dinge« sein. Es klingt wie Schizophrenie – so als wolle man Feuer und Wasser miteinander vereinen. Und doch: Freiheit und dienstbare Verantwortung sind beide lebensnotwendig, wie Feuer und Wasser lebensnotwendig sind.

Geradezu hoffnungslos ist heute die »Freiheit in der Verantwortung« willkürlichen Deutungen ausgesetzt. Missbrauch und Missverständnis des christlichen Verantwortungsbegriffes sind fast unerträglich. Privatmeinungen werden zur letztgültigen Wahrheit hochstilisiert und persönliches Handeln zur allgemein verbindlichen Richtschnur. Dies kennzeichnet häufig auch »christliche« Stellungnahmen im politischen Bereich. Haben eigentlich jene Moralisten, die eine Tagesaktualität zum »status confessionis« erheben, jemals Luthers Zwei-Reiche-Lehre gelesen? Eine Lehre, bei deren Beachtung die offizielle kirchliche Haltung im Dritten Reich jedenfalls einen anderen Standpunkt gehabt hätte!

Christlich-freiheitliche Verantwortung wird von zwei Grundzügen wesenhaft bestimmt: von der *Sach*bindung und der *Gewissens*bindung. Ohne Sachkenntnis ist ein ordnungsgemäßes, ethisch gültiges Handeln gar nicht vollziehbar. Ein sachkundiges Verhalten ohne Gewissensbindung ist jedoch ebenso verantwortungslos. Beides – Sach- und Gewissensbindung – sind, nach Luther, aufeinander bezogen, aber nicht miteinander zu vermischen. Das bedeutet: eine Sachentscheidung ist kein Gewissensurteil und eine Glaubensentscheidung ersetzt keine Sachkenntnis. Vielmehr ist beides aufeinander bezogen und ineinander verzahnt. Und vor allem durch das Aufeinanderangewiesensein gegenseitig begrenzt.

Darum kann sich, wenn wir von Freiheit und Verantwortung reden und damit nach christlicher Verantwortung fragen, ein politisches Sachurteil nicht von der Gewissensentscheidung emanzipieren. Jedoch darf umgekehrt das Gewissensurteil die Sachkenntnis nicht ersetzen wollen. Paradebeispiele sind die aktuellen Diskussionen um die moderne Gentechnik oder die Auslandseinsätze der Bundeswehr.

Der Sachbezug stellt die einzelne Person in die Verantwortung für das jeweilige Arbeits- und Aufgabengebiet, damit dies sachgemäß erfüllt werden kann. Dilettantismus ist deshalb ethisch verwerflich und zutiefst verantwortungslos. Politische Halbwahrheiten und manipulierte Desinformation lassen sich auch durch besten biblischen Selektivismus nicht ersetzen! Himmelhochjauchzend – von jeder Sachkenntnis ungetrübt: das ist der Gesamteindruck so mancher pseudochristlicher Diskussionsrunde. Man bedenke, dass auch auf Plakaten meist nie Platz für ganze Wahrheiten ist ...

Dilettantismus ist ein Vorstoß gegen die Würde der geistigen Arbeit und der Berufspflicht. Das kann man übrigens auch fromm tarnen. Indem man Luthers klassischen Doppelsatz zur Halbwahrheit reduziert: »Bete so, als ob alles Arbeiten nichts nützt; arbeite so, als ob alles Beten nichts nützt.«

Politischer Dilettantismus ist eine eminente Bedrohung der Staatsordnung und -sicherheit. Verantwortung im weltlichen Bereich kann nur in strenger Sachbindung vorgenommen werden. Wie ein Erzieher das Ganze seiner pädagogischen Aufgabe im Blick haben muss, so kann auch kein Politiker, erst recht keine Partei, sich nur einem Teilbereich verschreiben. Dies bedeutet auch – man beachte das in Diskussionen! – die Anerkennung der Fach- und Sachkompetenz des anderen.

Hier kommt der biblischen und von den Reformatoren neu akzentuierten Ständelehre eine höchst aktuelle Bedeutung zu. Jeder Beruf, jedes Amt hat seine sachliche Würde, die an spezielle Kenntnisse und Gaben gebunden ist. Es ist deshalb auch ein verhängnisvolles Missverständnis, dem demokratischen Staatsbürger des 21. Jahrhunderts zu suggerieren, *er* sei Obrigkeit und zur Staatsführung berechtigt. Wenn sich die Straße oder Diskussionszirkel staatsführende Macht anmaßen, ist das Chaos perfekt. Das bringt uns letztlich die Anarchie der Unberufenen und Dilettanten!

Freiheit in Verantwortung heißt: die Sachbindung und damit die Fachkompetenz ernst nehmen. Dies ist zugleich ein klares Nein zu jeder Form von Ideologie, weil hier einzelne Menschen totalitaristisch die Gesamtkompetenz für sich beanspruchen.

Jedoch darf auch der zweite Bestimmungsort nicht vergessen werden. Erst die Gewissensbindung, also die durch christliche Freiheit ermöglichte Bindung an Wort und Willen Gottes, normiert die Sachbindung und gibt ihr eine ethische Qualität. So führt die heute selbst von Christen ahnungslos propagierte weltanschauliche Neutralität und Wertfreiheit zutiefst dazu, dass der Zweck letztlich die Mittel heiligt. Man sollte nie vergessen, dass die ethisch neutrale, verantwortungsfreie Sachbindung Entscheidungen zu Zweckmitteln der Gewissenlosigkeit degradiert. Das öffnet Tor und Tür für egoistische Motive und zerstörerisches Machtstreben. Das mag man verbal »Freiheit« nennen, aber mit Verantwortung hat das nichts mehr zu tun. Dann kann man sagen »Mein Bauch gehört mir« oder die »Ehe ohne Trauschein« propagieren. Nur führt diese Bindungslosigkeit bald zur persönlichen Haltlosigkeit.

Orientierungslosigkeit lässt das Gewissen verstummen. Nur Gewissenlose treiben mit Scheinbegründungen Kinder ab und behandeln Ehe und Familie wie Zeitverträge. Wenn der Kitt nur noch das selbstverwirklichende Ich ist, dann ist das asozial und inhuman, gemeinschaftsfeindlich und menschenverachtend. »Noch nie hat es ein Volk gegeben, das seine Existenz allein auf die Lehren der Vernunft aufbauen konnte. Wenn es dennoch geschah, so war es eine Dummheit und dauerte nur ganz kurze Zeit. In Wirklichkeit werden die Völker von einer ganz anderen Kraft geformt und geleitet« (Dostojewskij). Damit Gott so auf Völker, Nationen und Gesellschaften wirken kann, bedarf es Menschen, die in freier, gewissensbindender Verantwortung vor Gott dem Wohl ihres Nächsten dienen.

Echte christliche Verantwortung meint die Bindung des Gewissens an die unerschütterliche Autorität Gottes. Der Christ lebt als Realist, weil er bewusst vor den Augen Gottes (coram Deo) lebt. Die anderen werden es vielleicht zu spät merken, wenn es gilt, vor dem endzeitlichen Forum auf die richtenden Fragen Gottes Antwort zu geben. »Das Gewissen muss sich verantworten vor Gott. Wer da besteht, der besteht auch im Jüngsten Gericht« (Luther). In diesem Wissen ist zum Beispiel das berühmte

Tiepolo-Fresko vom Jüngsten Gericht im Senatssaal des Dogen-Palastes von Venedig mehr als bloße Verzierung. Verantwortlich kann nur der leben, entscheiden und handeln, der sich seiner letzten Verantwortung vor Gott bewusst ist.

Als von der manipulativ-bindenden Macht der Sünde befreiter Christ weiß ich: Ich diene um Gottes Willen und bin folglich auch nur ihm letztlich die Antwort schuldig. Das macht frei! Denn alleinige Eigenverantwortung führt zur Selbstrechtfertigung und Menschenbindung zum Kadavergehorsam. Ich bin frei von der Herrschaft der Menschen. Auf menschliche Gunst, Beifall oder Kritik als letzte Motivation zu blicken, ist nicht nur in der Politik unethisch und verantwortungslos. Es war der Jubel der Masse, der den Weg in den Abgrund säumte. Und selbst demokratische Mehrheitskritik hat schon manche Wahrheit auf dem Gewissen.

»Die freiheitliche Verantwortung entdämonisiert die Sache« (Künneth). Höchste Norm ist nicht die Gesetzmäßigkeit eines Sachgebietes. Letzte Instanz ist die Autorität Gottes. Damit bleibt der Mensch Herr über die Dinge und davor bewahrt, unter die manipulative Macht so genannter Sachzwänge zu geraten. Freiheit in Verantwortung bedeutet für den Christen, dass dem eigenen Leben, dem Staatswohl, dem Nächsten und allen anderen sozialen Bezügen nur das am besten dient, was im Einklang zum Willen Gottes steht. Denn das ist immer – auch wenn niemand es im konkreten Fall als offenkundig anerkennt! – lebenserhaltend und lebensfördernd. Denn der Wille Gottes heißt: Leben.

Luther proklamierte die Freiheit des Glaubens und das Untertansein in der Liebe. Vielleicht ist der Ort der besonderen Bewährung das »Urfeld« der Gemeinschaft:

die Ehe. Für diese »Freiheit zweier Christenmenschen« beschreibt Luther das Sechste Gebot als »Ringmauer, als Feste und Freiheit«. Denn so wollen ja die gewissensbildenden und -bindenden Gebote Gottes verstanden sein: als die »großen Freiheiten Gottes« (E. Lange). Sie wollen nicht zerstören und einengen, nicht knechten und beherrschen. Sie wollen Leben eröffnen, Leben erhalten und Leben zum Ziel führen. Denn der Gott der Gebote ist nicht in erster Linie Gesetzgeber und Richter, sondern Heilbringer und Erlöser. Gott ist ein Freund des Lebens.

»Alle staatliche Anarchie beginnt in der ehelichen. Der Staat, in dem Ehebruch und Ehescheidung an der Tagesordnung sind, ist auch für den politischen Zerfall reif« (Emil Brunner). Vielleicht ist es noch nicht zu spät dafür, dass Christen sich endlich auf ihre ureigenste Aufgabe besinnen: kompromisslos die großen Freiheiten Gottes zu proklamieren, da nur Gerechtigkeit ein Volk erhöht, aber Sünde der Leute Verderben ist (Sprüche 14,34).

Weiterkommen durch Umkehren

Der Glaube an Christus schafft die Freiheit eines Christenmenschen. Und dieser Glaube ist nichts für die Peripherie des Lebens. Er ist kein Privileg für Sonntagsgottesdienste und beschauliche Stunden. Dieser Glaube ist die Mitte unseres Lebens. Er ist das schlagende Herz unseres Daseins. Oder er ist nichts.

Wer Christen Jenseitsvertröstung und Inaktivität vorwirft, der hat noch nie etwas gespürt von der treibenden Kraft, jener energiegeladenen Dynamik der biblischen Botschaft. Der Glaube macht frei für Gott und den Menschen. Er macht uns, eben weil er uns von der dämonischen Faszination befreit, erst recht offen für die Welt. Wer der Welt wirklich helfend begegnen will, dessen letzter Halt muss außerhalb dieser Welt liegen.

Glaube ist Ja und Nein zur Welt gleichermaßen. Nein, indem ich diese Welt nicht mehr vergötze, die Macht der lebenszerstörenden Manipulation erkenne und mich davon nicht mehr gefangen nehmen lasse. Nein, indem ich den Forderungen dieser Welt eine klare Absage erteile.

Aus dieser Freiheit heraus kann ich aber wieder voll und ganz ja sagen zur Welt und meine Verantwortung wahrnehmen. Weil wir unser Leben nicht mehr so lassen wie es ist, deshalb wollen wir auch diese Welt nicht mehr so lassen. Aus dem Glauben und der mit ihm geschenkten Freiheit heraus verwandeln wir Mensch und Welt, indem wir zur Umkehr rufen. Das ist unser tiefster Auftrag.

Wir müssen umkehren, wenn wir weiterkommen wollen. Frei werden heißt umkehren zu Gott. Glaube ist Bekehrung, Änderung des Sinnes und Totalbindung an Gott. Wer ohne innere Umkehr glauben und frei sein will, der geht im Grunde nur den Weg seines Unglaubens weiter.

Der bedeutende Stuttgarter Sozialphilosoph Günter Rohrmoser schreibt: »Die Verkündigung der christlichen Wahrheit muss am Anfang stehen, denn nur sie kann uns frei machen. Aus der Befreiung und Erneuerung des Sinns geht die sittliche Erneuerung der Gesellschaft hervor.« Wenn wir in Freiheit überleben wollen, »ist christlicher Glaube die unverzichtbare Bedingung«.

Diese Umkehr zum Weiterkommen muss radikal sein. Im wahrsten Sinne des Wortes »radikal«: von der Wurzel her. Es ist zwecklos, seine Ideologie und Illusion ein wenig christlich zu garnieren. Bei Gott gibt es keine halben Sachen, weil er in seiner Liebe auch aufs Ganze gegangen ist. Umgekehrt ist es genauso falsch, wenn Christen ihre politischen (Vor-)Urteile mit ein paar Bibelworten fromm bekränzen wollen. »Wer nicht zuerst auf Gott hören will, hat der Welt nichts zu sagen. Er wird sich bis zur Bewusstlosigkeit und Erschöpfung um vieles kümmern und dabei das eine Notwendige versäumen; er wird sich manches vorlügen, um dieses Versäumnis zu vergessen oder zu rechtfertigen« (H. U. v. Balthasar).

Es ist die Angst, die unser Weiterkommen lähmt. Umkehr zu Christus aber heißt Hinwendung zu dem, der gesagt hat: »In der Welt habt ihr Angst; aber seid getrost, ich habe die Welt überwunden« (Johannes 16,33).

Es ist die Frustration – die dauernde Erfahrung des »Vergeblich« (lat.: frustra) –, die uns resigniert stehen bleiben lässt. Frei davon werden wir erst durch die gläubige Bindung an Gottes Zusage: »Wisst, dass eure Arbeit nicht vergeblich ist in dem Herrn« (1. Korinther 15,58).

Letztlich ist es die fehlende Orientierung, die uns nicht zielgerecht weiterkommen lässt. Wer ohne Ziel ist, der kann auch den Weg nicht finden. Er bleibt dauernd manipulierbar, weil ihm der feste Standpunkt fehlt. Labile Menschen sind das willkommene Opfer der manipulativen Außensteuerung. Und genau diese Labilität will Christus beenden, indem er uns zu Persönlichkeiten macht.

Der Wissenschaftstheoretiker Rupert Lay beschreibt bezeichnenderweise Menschen, die besonders anfällig für Manipulation und Außensteuerung sind, als desorientiert, ich-schwach, nicht-zentriert und nicht-integriert. Bei Personen, die eine oder mehrere der genannten Dispositionen aufweisen, liegt die Manipulierbarkeitsschwelle anormal niedrig. Es fehlen, so Lay, die gesunden Abwehrkräfte, so dass der Mensch stark von außen beeinflussbar wird. Neil Postman spricht von »kulturellem Aids«. Es sind schwache Persönlichkeiten, die nicht mehr fähig sind, Außeneinflüsse zu verarbeiten, zu kontrollieren und abzuwehren.

Nichts anderes analysierte die Bibel schon vor Jahrtausenden! Es ist ja erstaunlich, wie die moderne Psychologie immer wieder am realistischen Menschenbild der Bibel scheitert bzw. zu ihm zurückkehrt. Gerade die Bibel nennt die fehlende Orientierung ein Grundübel. »Darum geht das Volk in die Irre wie eine Herde und ist verschmachtet, weil kein Hirte da ist« (Sacharja 10,2). Der desorientierte Mensch kommt nie weiter; er verstrickt sich in den Teufelskreis seiner Irrwege. Er bleibt manipulierbar und erkennt bald jeden beliebigen Anspruch als Wegführung an. »Mein Volk ist wie eine verlorene Herde. Ihre Hirten haben sie verführt (manipuliert!)« (Jeremia 50,6). Deshalb mahnt die Bibel, die Geister zu prüfen. Wer weiterkommen will, muss zwischen dem Geist der Wahrheit und dem Geist des Irrtums unterscheiden lernen. Und das kann er durch Umkehr zu dem guten Hirten (Johannes 10,11). Denn Jesus Christus sagt. »Ich bin der Weg und die Wahrheit und das Leben« (Johannes 14,6).

Auch der ich-schwache Mensch ist anfällig für die heimlichen Mitzieher der Manipulation. Wer dauernd seine eigene Minderwertigkeit beklagt, wird sich den Außeneinflüssen kaum mehr widersetzen können. Ich-Schwäche wird nicht durch Flucht in übersteigerten Egoismus überwunden. Ich finde zu mir selbst, indem ich zu Gott finde. Aus seinem Wort erfahre ich meine schöpfungsgemäße Bestimmung: ich bin Gottes Ebenbild (1. Mose 1,27). Von daher kann ich mich dankbar akzeptieren: Du, Gott, hast mich erschaffen. Ich danke dir dafür, dass ich wunderbar gemacht bin (Psalm 139,13–14).

Wer so von sich denkt, den werden die zeitgeistbestimmten Rollenbilder der Manipulation unbeeindruckt lassen.

Nicht-zentrierte Leute sind Menschen ohne Standpunkt. Weil ihnen die Mitte ihres Lebens und damit der Halt fehlt, lassen sie sich von jedem Meinungsstrom mitreißen. Haltlose Menschen sind wie Bäume ohne festes Wurzelwerk. Dem Sturmwind der Außensteuerung widerstehen sie nicht. Deshalb mahnt Paulus: »Seid in ihm (Christus) verwurzelt und gegründet« (Kolosser 2,7). Christus als Lebenszentrum macht wachsam und standfest. »Hütet euch, dass ihr nicht durch den Irrtum dieser ruchlosen Leute samt ihnen verführt (manipuliert!) werdet und aus eurem festen Stand fallet« (2. Petrus 3,17).

Auch der nicht-integrierte Mensch gehört zu den labilen Personen, die zur Abwehr manipulativer Steuerungen nicht mehr fähig sind. Die Integration in eine Gemeinschaft gibt erst das begleitende und stützende Korrektiv, das der Einzelgänger entbehren muss. Wer mit sich und den Manipulationsmächten allein ist, der ist arm dran! Weiterkommen durch Umkehren heißt auch hier: Umkehr zu Christus. Integration in sein Reich und Bindung an ihn (1. Korinther 1,9) macht frei von manipulativen Zwängen. Dies konkretisiert sich in einer verbindlichen Zugehörigkeit zur christlichen Gemeinde (1. Korinther 12).

Es mögen sich die technischen Möglichkeiten und Auswirkungen der Manipulation in unserer modernen Welt vergrößert haben. Die Ursache ist dieselbe geblieben: die Gott und Mensch trennende Macht der Sünde. In dieser Grundbefindlichkeit sind wir stecken geblieben – seit Adam und Eva. Diese bewusste Emanzipation von Gott gilt es durch Umkehr zu überwinden, wenn wir wieder weiterkommen wollen.

»Die Menschen müssen sich entscheiden, sich von Gott regieren zu lassen, oder sie verdammen sich dazu, von Tyrannen beherrscht (manipuliert!/P. H.) zu werden. Unsere größte Sünde liegt darin, dass wir die Welt um die Völker rettende Wahrheit betrogen haben. Wir brauchen Menschen, die sich der Führung Gottes unterstellen. Ausreichende und genaue Weisung kann vom Geist Gottes zum Geist des Menschen gelangen; sie wird denen zuteil, die horchen und gehorchen. Die Sünde macht uns stumpf und benommen. Das Blut Jesu Christi, des Sohnes Gottes, macht uns rein von aller Sünde. Das ist die Entdeckung, nach der jeder sucht. Das ist die Antwort. Die Stunde ist spät. Um Gottes willen, wacht auf!« (John F. Kennedy).

Umkehr zu Gott. Vergebung durch Christus. Diese Freiheit des Evangeliums ist das Ende der Manipulation.

hänssler

Weitere Bücher von Peter Hahne:

Er stellt meine Füße auf weiten Raum
Gb., 21 x 21 cm, 64 S., durchg. farbig
Nr. 393.739, ISBN 3-7751-3379-4

Der Klassiker unter den Bildbänden von Peter Hahne liegt in völlig
neu überarbeiteter und erweiterter Ausgabe vor. Peter Hahne bringt
es auf den Punkt: Gott lässt uns – gerade im Alltag – durchatmen
und schenkt uns »weiten Raum«, damit unser Leben Tiefe und
Weite gewinnen kann. Brillante Fotos unterstützen die Aussage der
Texte.

Kinder, Kinder
Kleine Begegnungen mit großer Wirkung
Tb., 64 S., Nr. 70.631, ISBN 3-7751-1602-8

Fröhliche Weihnachten
wünscht Peter Hahne
CD & Bildbändchen im Schuber, gb., 14 x 12,5 cm, 40 S.,
durchg. farbig,
Nr. 392.943, ISBN 3-7751-2943-X

Wer hätte das gedacht!
Aus Peter Hahnes Tagebuch
Tb., 64 S., Nr. 70.586, ISBN 3-7751-1529-3

Bitte fragen Sie in Ihrer Buchhandlung danach!
Oder schreiben Sie an den Hänssler Verlag, D-71087 Holzgerlingen.

Alles Gute zum Geburtstag
wünscht Peter Hahne
CD & Bildbändchen im Schuber, gb., 14 x 12,5 cm, 40 S., durchg.
farbig
Nr. 393.279, ISBN 3-7751-3279-1

Wir haben Zukunft!
Tb., 80 S., Nr. 392.942, ISBN 3-7751-2942-1

Gute Nachrichten von und mit Peter Hahne
Gb., mit Schutzumschlag, 20 x 25 cm, 80 S.
Nr. 391.694, ISBN 3-37751-1694-X

Frohe Weihnachten
Gb., mit Schutzumschlag, 20 x 25 cm, 44 S., durchg. farbig,
Nr. 392.337, ISBN 3-7751-2337-7

Leid – Warum lässt Gott das zu?
Tb., 64 S., Nr. 70.518, ISBN 3-7751-1240-5

Was ist mein Leben wert?
Tb., 64 S., Nr. 392.853, ISBN 3-7751-2853-0

Peter Hahne Buchpaket
5 verschiedene Taschenbücher von Peter Hahne im Set
Tb., Nr. 391.794

Bitte fragen Sie in Ihrer Buchhandlung danach!
Oder schreiben Sie an den Hänssler Verlag, D-71087 Holzgerlingen.